Sigmund Freud

Die Zukunft einer Illusion

Verlag
der
Wissenschaften

Sigmund Freud

Die Zukunft einer Illusion

ISBN/EAN: 9783957003560

Auflage: 1

Erscheinungsjahr: 2015

Erscheinungsort: Norderstedt, Deutschland

Hergestellt in Europa, USA, Kanada, Australien, Japan
Verlag der Wissenschaften in Hansebooks GmbH, Norderstedt

Cover: Foto ©Joujou / pixelio.de

SIGM. FREUD

DIE ZUKUNFT EINER ILLUSION

Die Zukunft einer Illusion

Von

Sigm. Freud

2. Auflage (6.–16. Tausend)

1928

Internationaler Psychoanalytischer Verlag

Leipzig / Wien / Zürich

I

Wenn man eine ganze Weile innerhalb einer bestimmten Kultur gelebt und sich oft darum bemüht hat, zu erforschen, wie ihre Ursprünge und der Weg ihrer Entwicklung waren, verspürt man auch einmal die Versuchung, den Blick nach der anderen Richtung zu wenden und die Frage zu stellen, welches fernere Schicksal dieser Kultur bevorsteht und welche Wandlungen durchzumachen ihr bestimmt ist. Man wird aber bald merken, daß eine solche Untersuchung von vornherein durch mehrere Momente entwertet wird. Vor allem dadurch, daß es nur wenige Personen gibt, die das menschliche Getriebe in all seinen Ausbreitungen überschauen können. Für die meisten ist Beschränkung auf ein einzelnes oder wenige Gebiete notwendig geworden; je weniger aber einer vom Vergangenen und Gegenwärtigen weiß, desto unsicherer muß sein Urteil über das Zukünftige ausfallen. Ferner darum, weil gerade bei diesem Urteil die subjektiven Erwartungen des Einzelnen eine schwer abzuschätzende Rolle spielen; diese zeigen sich aber abhängig von rein persönlichen Momenten seiner eigenen Erfahrung, seiner mehr oder minder hoffnungsvollen Einstellung zum Leben, wie sie ihm durch Temperament, Erfolg oder Mißerfolg vorgeschrieben worden ist. Endlich kommt die merkwürdige Tatsache zur Wirkung, daß die Menschen im allgemeinen ihre Gegenwart wie naiv erleben, ohne deren Inhalte würdigen zu können; sie müssen erst Distanz zu ihr gewinnen, d. h. die Gegenwart muß zur Vergangenheit geworden sein, wenn man aus ihr Anhaltspunkte zur Beurteilung des Zukünftigen gewinnen soll.

Wer also der Versuchung nachgibt, eine Äußerung über die wahrscheinliche Zukunft unserer Kultur von sich zu geben, wird gut daran tun, sich der vorhin angedeuteten Bedenken zu erinnern, ebenso wie der Unsicherheit, die ganz allgemein an jeder Vorhersage haftet. Daraus folgt für mich, daß ich in eiliger Flucht vor der zu großen Aufgabe alsbald das kleine Teilgebiet aufsuchen werde, dem auch bisher meine Aufmerksamkeit gegolten hat, nachdem ich nur seine Stellung im großen Ganzen bestimmt habe.

Die menschliche Kultur — ich meine all das, worin sich das menschliche Leben über seine animalischen Bedingungen erhoben hat und worin es sich vom Leben der Tiere unterscheidet — und ich verschmähe es, Kultur und Zivilisation zu trennen — zeigt dem Beobachter bekanntlich zwei Seiten. Sie umfaßt einerseits all das Wissen und Können, das die Menschen erworben haben, um die Kräfte der Natur zu beherrschen und ihr Güter zur Befriedigung der menschlichen Bedürfnisse abzugewinnen, anderseits alle die Einrichtungen, die notwendig sind, um die Beziehungen der Menschen zueinander, und besonders die Verteilung der erreichbaren Güter zu regeln. Die beiden Richtungen der Kultur sind nicht unabhängig voneinander, erstens, weil die gegenseitigen Beziehungen der Menschen durch das Maß der Triebbefriedigung, das die vorhandenen Güter ermöglichen, tiefgreifend beeinflußt werden, zweitens, weil der einzelne Mensch selbst zu einem anderen in die Beziehung eines Gutes treten kann, insofern dieser seine Arbeitskraft benützt oder ihn zum Sexualobjekt nimmt, drittens aber, weil jeder Einzelne virtuell ein Feind der Kultur ist, die doch ein allgemeinmenschliches Interesse sein soll. Es ist merkwürdig, daß die Menschen, so wenig sie auch in der Vereinzelung existieren können, doch die Opfer, welche ihnen von der Kultur zugemutet werden, um ein Zusammenleben zu ermöglichen, als schwer drückend empfinden. Die Kultur muß also gegen den Einzelnen verteidigt werden und ihre Einrichtungen, Institutionen und Gebote stellen sich in den Dienst dieser Aufgabe; sie bezwecken nicht nur, eine gewisse Güterverteilung herzustellen, sondern auch diese aufrechtzuhalten, ja sie müssen gegen die feindseligen Regungen der Menschen all das beschützen, was der Bezwingung der Natur und der Erzeugung von Gütern dient. Menschliche Schöpfungen sind leicht zu zerstören und Wissenschaft und Technik, die sie aufgebaut haben, können auch zu ihrer Vernichtung verwendet werden.

So bekommt man den Eindruck, daß die Kultur etwas ist, was einer widerstrebenden Mehrheit von einer Minderzahl auferlegt wurde, die es verstanden hat, sich in den Besitz von Macht- und Zwangsmitteln zu setzen. Es liegt natürlich nahe anzunehmen, daß diese Schwierigkeiten nicht am Wesen der Kultur selbst haften, sondern von den Unvollkommenheiten der Kulturformen bedingt werden, die bis jetzt entwickelt worden sind. In der Tat ist es nicht schwer, diese Mängel aufzuzeigen. Während die Menschheit in der Beherrschung der Natur ständige Fortschritte gemacht hat und noch größere erwarten darf, ist ein ähnlicher Fortschritt in der Regelung der menschlichen Angelegenheiten nicht sicher festzustellen und wahrscheinlich zu jeder Zeit, wie auch jetzt wieder, haben sich viele Menschen gefragt, ob denn dieses Stück des Kulturerwerbs überhaupt der Verteidigung wert ist. Man sollte meinen, es müßte eine Neuregelung der menschlichen Beziehungen möglich sein, welche die Quellen der Unzufriedenheit mit der Kultur versagen macht, indem sie auf den Zwang und die Triebunterdrückung verzichtet, so daß die Menschen sich ungestört durch inneren Zwist der Erwerbung von Gütern und dem Genuß derselben hingeben könnten. Das wäre das goldene Zeitalter, allein es fragt sich, ob ein solcher Zustand zu verwirklichen ist. Es scheint vielmehr, daß sich jede Kultur auf Zwang und Triebverzicht aufbauen muß; es scheint nicht einmal gesichert, daß beim Aufhören des Zwanges die Mehrzahl der menschlichen Individuen bereit sein wird, die Arbeitsleistung auf sich zu nehmen, deren es zur Gewinnung neuer Lebensgüter bedarf. Man hat, meine ich, mit der Tatsache zu rechnen, daß bei allen Menschen destruktive, also antisoziale und antikulturelle Tendenzen vorhanden sind und daß diese bei einer großen Anzahl von Personen stark genug sind, um ihr Verhalten in der menschlichen Gesellschaft zu bestimmen.

Dieser psychologischen Tatsache kommt eine entscheidende Bedeutung für die Beurteilung der menschlichen Kultur zu. Konnte man zunächst meinen, das Wesentliche an dieser sei die Beherrschung der Natur zur Gewinnung von Lebensgütern und die ihr drohenden Gefahren ließen sich durch eine zweckmäßige Verteilung derselben unter den Menschen beseitigen, so scheint jetzt das Schwergewicht vom Materiellen weg aufs Seelische verlegt. Es wird entscheidend, ob und inwieweit es gelingt, die Last der den Menschen auferlegten Triebopfer zu verringern, sie mit den notwendig verbleibenden zu versöhnen und dafür zu entschädigen. Ebensowenig wie den Zwang zur Kulturarbeit, kann man die Beherrschung der Masse durch eine Minderzahl entbehren, denn die Massen sind träge und einsichtslos, sie lieben den Triebverzicht nicht, sind durch Argumente nicht von dessen Unvermeidlichkeit zu überzeugen und ihre Individuen bestärken einander im Gewährenlassen ihrer Zügellosigkeit. Nur durch den Einfluß vorbildlicher Individuen, die sie als ihre Führer anerkennen, sind sie zu den Arbeitsleistungen und Entsagungen zu bewegen, auf welche der Bestand der Kultur angewiesen ist. Es ist alles gut, wenn diese Führer Personen von überlegener Einsicht in die Notwendigkeiten des Lebens sind, die sich zur Beherrschung ihrer eigenen Triebwünsche aufgeschwungen haben. Aber es besteht für sie die Gefahr, daß sie, um ihren Einfluß nicht zu verlieren, der Masse mehr nachgeben als diese ihnen, und darum erscheint es notwendig, daß sie durch Verfügung über Machtmittel von der Masse unabhängig seien. Um es kurz zu fassen, es sind zwei weit verbreitete Eigenschaften der Menschen, die es verschulden, daß die kulturellen Einrichtungen nur durch ein gewisses Maß von Zwang gehalten werden können, nämlich, daß sie spontan nicht arbeitslustig sind und daß Argumente nichts gegen ihre Leidenschaften vermögen.

Ich weiß, was man gegen diese Ausführungen einwenden wird. Man wird sagen, der hier geschilderte Charakter der Menschenmassen, der die Unerläßlichkeit des Zwanges zur Kulturarbeit beweisen soll, ist selbst nur die Folge fehlerhafter kultureller Einrichtungen, durch die die Menschen erbittert, rachsüchtig, unzugänglich geworden sind. Neue Generationen, liebevoll und zur Hochschätzung des Denkens erzogen, die frühzeitig die Wohltaten der Kultur erfahren haben, werden auch ein anderes Verhältnis zu ihr haben, sie als ihr eigenstes Besitztum empfinden, bereit sein, die Opfer an Arbeit und Triebbefriedigung für sie zu bringen, deren es zu ihrer Erhaltung bedarf. Sie werden den Zwang entbehren können und sich wenig von ihren Führern unterscheiden. Wenn es menschliche Massen von solcher Qualität bisher in keiner Kultur gegeben hat, so kommt es daher, daß keine Kultur noch die Einrichtungen getroffen hatte, um die Menschen in solcher Weise, und zwar von Kindheit an, zu beeinflussen.

Man kann daran zweifeln, ob es überhaupt oder jetzt schon, beim gegenwärtigen Stand unserer Naturbeherrschung möglich ist, solche kulturelle Einrichtungen herzustellen, man kann die Frage aufwerfen, woher die Anzahl überlegener, unbeirrbarer und uneigennütziger Führer kommen soll, die als Erzieher der künftigen Generationen wirken müssen, man kann vor dem ungeheuerlichen Aufwand an Zwang erschrecken, der bis zur Durchführung dieser Absichten unvermeidlich sein wird. Die Großartigkeit dieses Planes, seine Bedeutsamkeit für die Zukunft der menschlichen Kultur wird man nicht bestreiten können. Er ruht sicher auf der psychologischen Einsicht, daß der Mensch mit den mannigfaltigsten Triebanlagen ausgestattet ist, denen die frühen Kindheitserlebnisse die endgültige Richtung anweisen. Die Schranken der Erziehbarkeit des Menschen setzen darum auch der Wirksamkeit einer solchen Kulturveränderung ihre

Grenze. Man mag es bezweifeln, ob und in welchem Ausmaß ein anderes Kulturmilieu die beiden Eigenschaften menschlicher Massen, die die Führung der menschlichen Angelegenheiten so sehr erschweren, auslöschen kann. Das Experiment ist noch nicht gemacht worden. Wahrscheinlich wird ein gewisser Prozentsatz der Menschheit — infolge krankhafter Anlage oder übergroßer Triebstärke — immer asozial bleiben, aber wenn man es nur zustande bringt, die kulturfeindliche Mehrheit von heute zu einer Minderheit herabzudrücken, hat man sehr viel erreicht, vielleicht alles, was sich erreichen läßt.

Ich möchte nicht den Eindruck erwecken, daß ich mich weit weg von dem vorgezeichneten Weg meiner Untersuchung verirrt habe. Ich will darum ausdrücklich versichern, daß es mir ferne liegt, das große Kulturexperiment zu beurteilen, das gegenwärtig in dem weiten Land zwischen Europa und Asien angestellt wird. Ich habe weder die Sachkenntnis noch die Fähigkeit, über dessen Ausführbarkeit zu entscheiden, die Zweckmäßigkeit der angewandten Methoden zu prüfen oder die Weite der unvermeidlichen Kluft zwischen Absicht und Durchführung zu messen. Was dort vorbereitet wird, entzieht sich als unfertig einer Betrachtung, zu der unsere längst konsolidierte Kultur den Stoff bietet.

II

Wir sind unversehens aus dem Ökonomischen ins Psychologische hinübergeglitten. Anfangs waren wir versucht, den Kulturbesitz in den vorhandenen Gütern und den Einrichtungen zu ihrer Verteilung zu suchen. Mit der Erkenntnis, daß jede Kultur auf Arbeitszwang und Triebverzicht beruht und darum unvermeidlich eine Opposition bei den von diesen Anforderungen Betroffenen hervorruft, wurde es klar, daß die Güter selbst, die Mittel zu ihrer Gewinnung und Anordnungen zu ihrer Verteilung nicht das Wesentliche oder das Alleinige der Kultur sein können. Denn sie sind durch die Auflehnung und Zerstörungssucht der Kulturteilhaber bedroht. Neben die Güter treten jetzt die Mittel, die dazu dienen können, die Kultur zu verteidigen, die Zwangsmittel und andere, denen es gelingen soll, die Menschen mit ihr auszusöhnen und für ihre Opfer zu entschädigen. Letztere können aber als der seelische Besitz der Kultur beschrieben werden.

Einer gleichförmigen Ausdrucksweise zuliebe wollen

wir die Tatsache, daß ein Trieb nicht befriedigt werden kann, Versagung, die Einrichtung, die diese Versagung festlegt, Verbot, und den Zustand, den das Verbot herbeiführt, Entbehrung nennen. Dann ist der nächste Schritt, zwischen Entbehrungen zu unterscheiden, die alle betreffen, und solchen, die nicht alle betreffen, bloß Gruppen, Klassen oder selbst einzelne. Die ersteren sind die ältesten: mit den Verboten, die sie einsetzen, hat die Kultur die Ablösung vom animalischen Urzustand begonnen, vor unbekannt wie vielen Tausenden von Jahren. Zu unserer Überraschung fanden wir, daß sie noch immer wirksam sind, noch immer den Kern der Kulturfeindseligkeit bilden. Die Triebwünsche, die unter ihnen leiden, werden mit jedem Kind von neuem geboren; es gibt eine Klasse von Menschen, die Neurotiker, die bereits auf diese Versagungen mit Asozialität reagieren. Solche Triebwünsche sind die des Inzests, des Kannibalismus und der Mordlust. Es klingt sonderbar, wenn man sie, in deren Verwerfung alle Menschen einig scheinen, mit jenen anderen zusammenstellt, um deren Gewährung oder Versagung in unserer Kultur so lebhaft gekämpft wird, aber psychologisch ist man dazu berechtigt. Auch ist das kulturelle Verhalten gegen diese ältesten Triebwünsche keineswegs das gleiche, nur der Kannibalismus erscheint allen verpönt und der nicht analytischen Betrachtung völlig überwunden, die Stärke der Inzestwünsche vermögen wir noch hinter dem

Verbot zu verspüren und der Mord wird von unserer Kultur unter bestimmten Bedingungen noch geübt, ja geboten. Möglicherweise stehen uns Entwicklungen der Kultur bevor, in denen noch andere, heute durchaus mögliche Wunschbefriedigungen ebenso unannehmbar erscheinen werden, wie jetzt die des Kannibalismus.

Schon bei diesen ältesten Triebverzichten kommt ein psychologischer Faktor in Betracht, der auch für alle weiteren bedeutungsvoll bleibt. Es ist nicht richtig, daß die menschliche Seele seit den ältesten Zeiten keine Entwicklung durchgemacht hat und im Gegensatz zu den Fortschritten der Wissenschaft und der Technik heute noch dieselbe ist, wie zu Anfang der Geschichte. Einen dieser seelischen Fortschritte können wir hier nachweisen. Es liegt in der Richtung unserer Entwicklung, daß äußerer Zwang allmählich verinnerlicht wird, indem eine besondere seelische Instanz, das Über-Ich des Menschen, ihn unter seine Gebote aufnimmt. Jedes Kind führt uns den Vorgang einer solchen Umwandlung vor, wird erst durch sie moralisch und sozial. Diese Erstarkung des Über-Ichs ist ein höchst wertvoller psychologischer Kulturbesitz. Die Personen, bei denen sie sich vollzogen hat, werden aus Kulturgegnern zu Kulturträgern. Je größer ihre Anzahl in einem Kulturkreis ist, desto gesicherter ist diese Kultur, desto eher kann sie der äußeren Zwangsmittel entbehren. Das Maß dieser Verinnerlichung ist nun für die einzelnen Triebverbote sehr verschieden. Für die erwähnten ältesten Kulturforderungen scheint die Verinnerlichung, wenn wir die unerwünschte Ausnahme der Neurotiker beiseite lassen, weitgehend erreicht. Dies Verhältnis ändert sich, wenn man sich zu den anderen Triebanforderungen wendet. Man merkt dann mit Überraschung und Besorgnis, daß eine Überzahl von Menschen den diesbezüglichen Kulturverboten nur unter dem Druck des äußeren Zwanges gehorcht, also nur dort, wo er sich geltend machen kann und solange er zu befürchten ist. Dies trifft auch auf jene sogenannt moralischen Kulturforderungen zu, die in gleicher Weise für alle bestimmt sind. Das meiste, was man von der moralischen Unzuverlässigkeit der Menschen erfährt, gehört hieher. Unendlich viele Kulturmenschen, die vor Mord oder Inzest zurückschrecken würden, versagen sich nicht die Befriedigung ihrer Habgier, ihrer Aggressionslust, ihrer sexuellen Gelüste, unterlassen es nicht, den Anderen durch Lüge, Betrug, Verleumdung zu schädigen, wenn sie dabei straflos bleiben können, und das war wohl seit vielen kulturellen Zeitaltern immer ebenso.

Bei den Einschränkungen, die sich nur auf bestimmte Klassen der Gesellschaft beziehen, trifft man auf grobe und auch niemals verkannte Verhältnisse. Es steht zu erwarten, daß diese zurückgesetzten Klassen den Bevorzugten ihre Vorrechte beneiden und alles tun werden, um ihr eigenes Mehr von Entbehrung los zu werden. Wo dies nicht möglich ist, wird sich ein dauerndes Maß von Unzufriedenheit innerhalb dieser Kultur behaupten, das zu gefährlichen Auflehnungen führen mag. Wenn aber eine Kultur es nicht darüber hinaus gebracht hat, daß die Befriedigung einer Anzahl von Teilnehmern die Unterdrückung einer anderen, vielleicht der Mehrzahl, zur Voraussetzung hat, und dies ist bei allen gegenwärtigen Kulturen der Fall, so ist es begreiflich, daß diese Unterdrückten eine intensive Feindseligkeit gegen die Kultur entwickeln, die sie durch ihre Arbeit ermöglichen, an deren Gütern sie aber einen zu geringen Anteil haben. Eine Verinnerlichung der Kulturverbote darf man dann bei den Unterdrückten nicht erwarten, dieselben sind vielmehr nicht bereit, diese Verbote anzuerkennen, bestrebt, die Kultur selbst zu zerstören, eventuell selbst ihre Voraussetzungen aufzuheben. Die Kulturfeindschaft dieser Klassen ist so offenkundig, daß man über sie die eher latente Feindseligkeit der besser beteilten Gesellschaftsschichten übersehen hat. Es braucht nicht gesagt zu werden, daß eine Kultur, welche eine so große Zahl von Teilnehmern unbefriedigt läßt und zur Auflehnung treibt, weder Aussicht hat, sich dauernd zu erhalten, noch es verdient.

Das Maß von Verinnerlichung der Kulturvorschriften — populär und unpsychologisch ausgedrückt: das moralische Niveau der Teilnehmer — ist nicht das einzige seelische Gut, das für die Würdigung einer Kultur in Betracht kommt. Daneben steht ihr Besitz an Idealen und an

Kunstschöpfungen, d. h. die Befriedigungen, die aus beiden gewonnen werden.

Man wird nur allzuleicht geneigt sein, die Ideale einer Kultur, d. h. die Wertungen, welches die höchststehenden und am meisten anzustrebenden Leistungen seien, unter deren psychische Besitztümer aufzunehmen. Zunächst scheint es, als ob diese Ideale die Leistungen des Kulturkreises bestimmen würden; der wirkliche Hergang dürfte aber der sein, daß sich die Ideale nach den ersten Leistungen bilden, welche das Zusammenwirken von innerer Begabung und äußeren Verhältnissen einer Kultur ermöglicht und daß diese ersten Leistungen nun vom Ideal zur Fortführung festgehalten werden. Die Befriedigung, die das Ideal den Kulturteilnehmern schenkt, ist also narzißtischer Natur, sie ruht auf dem Stolz auf die bereits geglückte Leistung. Zu ihrer Vervollständigung bedarf sie des Vergleichs mit anderen Kulturen, die sich auf andere Leistungen geworfen und andere Ideale entwickelt haben. Kraft dieser Differenzen spricht sich jede Kultur das Recht zu, die andere gering zu schätzen. Auf solche Weise werden die Kulturideale Anlaß zur Entzweiung und Verfeindung zwischen verschiedenen Kulturkreisen, wie es unter Nationen am deutlichsten wird.

Die narzißtische Befriedigung aus dem Kulturideal gehört auch zu jenen Mächten, die der Kulturfeindschaft innerhalb des Kulturkreises erfolgreich entgegenwirken. Nicht nur die bevorzugten Klassen, welche die Wohltaten dieser Kultur genießen, sondern auch die Unterdrückten können an ihr Anteil haben, indem die Berechtigung, die Außenstehenden zu verachten, sie für die Beeinträchtigung in ihrem eigenen Kreis entschädigt. Man ist zwar ein elender, von Schulden und Kriegsdiensten geplagter Plebejer, aber dafür ist man Römer, hat seinen Anteil an der Aufgabe, andere Nationen zu beherrschen und ihnen Gesetze vorzuschreiben. Diese Identifizierung der Unterdrückten mit der sie beherrschenden und ausbeutenden Klasse ist aber nur ein Stück eines größeren Zusammenhanges. Anderseits können jene affektiv an diese gebunden sein, trotz der Feindseligkeit ihre Ideale in ihren Herren erblicken. Wenn nicht solche im Grunde befriedigende Beziehungen bestünden, bliebe es unverständlich, daß so manche Kulturen sich trotz berechtigter Feindseligkeit großer Menschenmassen so lange Zeit erhalten haben.

Von anderer Art ist die Befriedigung, welche die Kunst den Teilhabern an einem Kulturkreis gewährt, obwohl diese in der Regel den Massen, die durch erschöpfende Arbeit in Anspruch genommen sind und keine persönliche Erziehung genossen haben, unzugänglich bleibt. Die Kunst bietet, wie wir längst gelernt haben, Ersatzbefriedigungen für die ältesten, immer noch am tiefsten empfundenen Kulturverzichte und wirkt darum wie nichts anderes aussöhnend mit den für sie gebrachten Opfern. Anderseits heben ihre Schöpfungen die Identifizierungsgefühle, deren jeder Kulturkreis so sehr bedarf, durch den Anlaß zu gemeinsam erlebten, hocheingeschätzten Empfindungen; sie dienen aber auch der narzißtischen Befriedigung, wenn sie die Leistungen der besonderen Kultur darstellen, in eindrucksvoller Art an ihre Ideale mahnen.

Das vielleicht bedeutsamste Stück des psychischen Inventars einer Kultur hat noch keine Erwähnung gefunden. Es sind ihre im weitesten Sinn religiösen Vorstellungen, mit anderen später zu rechtfertigenden Worten, ihre Illusionen.

III

Worin liegt der besondere Wert der religiösen Vorstellungen?

Wir haben von Kulturfeindseligkeit gesprochen, erzeugt durch den Druck, den die Kultur ausübt, die Triebverzichte, die sie verlangt. Denkt man sich ihre Verbote aufgehoben, man darf also jetzt zum Sexualobjekt jedes Weib wählen, das einem gefällt, darf seinen Rivalen beim Weib, oder wer einem sonst im Weg steht, ohne Bedenken erschlagen, kann dem anderen auch irgendeines seiner Güter wegnehmen, ohne ihn um Erlaubnis zu fragen, wie schön, welch eine Kette von Befriedigungen wäre dann das Leben! Zwar findet man bald die nächste Schwierigkeit. Jeder andere hat genau dieselben Wünsche wie ich und wird mich nicht schonender behandeln als ich ihn. Im Grunde kann also nur ein Einziger durch solche Aufhebung der Kultureinschränkungen uneingeschränkt glücklich werden, ein Tyrann, ein Diktator, der alle Machtmittel an sich gerissen hat, und auch der hat allen Grund zu wünschen, daß die

Anderen wenigstens dies eine Kulturgebot einhalten: du sollst nicht töten.

Aber wie undankbar, wie kurzsichtig überhaupt, eine Aufhebung der Kultur anzustreben! Was dann übrig bleibt, ist der Naturzustand und der ist weit schwerer zu ertragen. Es ist wahr, die Natur verlangte von uns keine Triebeinschränkungen, sie ließe uns gewähren, aber sie hat ihre besonders wirksame Art uns zu beschränken, sie bringt uns um, kalt, grausam, rücksichtslos wie uns scheint, möglicherweise gerade bei den Anlässen unserer Befriedigung. Eben wegen dieser Gefahren, mit denen die Natur uns droht, haben wir uns ja zusammengetan und die Kultur geschaffen, die unter anderem auch unser Zusammenleben möglich machen soll. Es ist ja die Hauptaufgabe der Kultur, ihr eigentlicher Daseinsgrund, uns gegen die Natur zu verteidigen.

Es ist bekannt, daß sie es in manchen Stücken schon jetzt leidlich gut trifft, sie wird es offenbar später einmal viel besser machen. Aber kein Mensch gibt sich der Täuschung hin zu glauben, daß die Natur jetzt schon bezwungen ist; wenige wagen zu hoffen, daß sie einmal dem Menschen ganz unterworfen sein wird. Da sind die Elemente, die jedem menschlichen Zwang zu spotten scheinen, die Erde, die bebt, zerreißt, alles Menschliche und Menschenwerk begräbt, das Wasser, das im Aufruhr alles überflutet und ersäuft, der Sturm, der es wegbläst, da sind die Krankheiten, die wir erst seit kurzem als die Angriffe anderer Lebewesen erkennen, endlich das schmerzliche Rätsel des Todes, gegen den bisher kein Kräutlein gefunden wurde und wahrscheinlich keines gefunden werden wird. Mit diesen Gewalten steht die Natur wider uns auf, großartig, grausam, unerbittlich, rückt uns wieder unsere Schwäche und Hilflosigkeit vor Augen, der wir uns durch die Kulturarbeit zu entziehen gedachten. Es ist einer der wenigen erfreulichen und erhebenden Eindrücke, die man von der Menschheit haben kann, wenn sie angesichts einer Elementarkatastrophe ihrer Kulturzerfahrenheit, aller inneren Schwierigkeiten und Feindseligkeiten vergißt und sich der großen gemeinsamen Aufgabe, ihrer Erhaltung gegen die Übermacht der Natur, erinnert.

Wie für die Menschheit im ganzen, so ist für den Einzelnen das Leben schwer zu ertragen. Ein Stück Entbehrung legt ihm die Kultur auf, an der er Teil hat, ein Maß Leiden bereiten ihm die anderen Menschen, entweder trotz der Kulturvorschriften oder infolge der Unvollkommenheit dieser Kultur. Dazu kommt, was ihm die unbezwungene Natur — er nennt es Schicksal — an Schädigung zufügt. Ein ständiger ängstlicher Erwartungszustand und eine schwere Kränkung des natürlichen Narzißmus sollte die Folge dieses Zustandes sein. Wie der Einzelne gegen die Schädigungen durch die Kultur und die Anderen reagiert, wissen wir bereits, er entwickelt ein entsprechendes Maß von Widerstand gegen die Einrichtungen dieser Kultur, von Kulturfeindschaft. Aber wie setzt er sich gegen die Übermächte der Natur, des Schicksals, zur Wehr, die ihm wie allen anderen drohen?

Die Kultur nimmt ihm diese Leistung ab, sie besorgt sie für alle in gleicher Weise, es ist auch bemerkenswert, daß so ziemlich alle Kulturen hierin das gleiche tun. Sie macht nicht etwa halt in der Erledigung ihrer Aufgabe, den Menschen gegen die Natur zu verteidigen, sie setzt sie nur mit anderen Mitteln fort. Die Aufgabe ist hier eine mehrfache, das schwer bedrohte Selbstgefühl des Menschen verlangt nach Trost, der Welt und dem Leben sollen ihre Schrecken genommen werden, nebenbei will auch die Wißbegierde der Menschen, die freilich von dem stärksten praktischen Interesse angetrieben wird, eine Antwort haben.

Mit dem ersten Schritt ist bereits sehr viel gewonnen. Und dieser ist, die Natur zu vermenschlichen. An die unpersönlichen Kräfte und Schicksale kann man nicht heran, sie bleiben ewig fremd. Aber wenn in den Elementen Leidenschaften toben wie in der eigenen Seele, wenn selbst der Tod nichts Spontanes ist, sondern die Gewalttat eines bösen Willens, wenn man überall in der Natur Wesen um sich hat, wie man sie aus der eigenen Gesellschaft kennt, dann atmet man auf, fühlt sich heimisch im Unheimlichen, kann seine sinnlose Angst psychisch bearbeiten. Man ist vielleicht noch wehrlos, aber nicht mehr hilflos gelähmt, man kann zum mindesten reagieren, ja vielleicht ist man nicht einmal wehrlos, man kann gegen diese gewalttätigen Übermenschen draußen dieselben Mittel in Anwendung bringen, deren man sich in seiner Gesellschaft bedient, kann versuchen, sie zu beschwören, beschwichtigen, bestechen, raubt ihnen durch solche Beeinflussung einen Teil ihrer Macht. Solch ein Ersatz einer Naturwissenschaft durch Psychologie schafft nicht bloß sofortige Erleichterung, er zeigt auch den Weg zu einer weiteren Bewältigung der Situation.

Denn diese Situation ist nichts Neues, sie hat ein infantiles Vorbild, ist eigentlich nur die Fortsetzung des früheren, denn in solcher Hilflosigkeit hatte man sich schon einmal befunden, als kleines Kind einem Elternpaar gegenüber, das man Grund hatte zu fürchten, zumal den Vater, dessen Schutzes man aber auch sicher war gegen die Gefahren, die man damals kannte. So lag es nahe, die beiden Situationen einander anzugleichen. Auch kam wie im Traumleben der Wunsch dabei auf seine Rechnung. Eine Todesahnung befällt den Schlafenden, will ihn in das Grab versetzen, aber die Traumarbeit weiß die Bedingung auszuwählen, unter der auch dies gefürchtete Ereignis zur Wunscherfüllung wird; der Träumer sieht sich in einem alten Etruskergrab, in das er selig über die Befriedigung seiner archäologischen Interessen hinabgestiegen war. Ähnlich macht der Mensch die Naturkräfte nicht einfach zu Menschen, mit denen er wie mit seinesgleichen verkehren kann, das würde auch dem überwältigenden Eindruck nicht gerecht werden, den er von ihnen hat, sondern er gibt ihnen Vatercharakter, macht sie zu Göttern, folgt dabei nicht nur einem infantilen, sondern auch, wie ich versucht habe zu zeigen, einem phylogenetischen Vorbild.

Mit der Zeit werden die ersten Beobachtungen von Regel- und Gesetzmäßigkeit an den Naturerscheinungen gemacht, die Naturkräfte verlieren damit ihre menschlichen Züge. Aber die Hilflosigkeit der Menschen bleibt und damit ihre Vatersehnsucht und die Götter. Die Götter behalten ihre dreifache Aufgabe, die Schrecken der Natur zu bannen, mit der Grausamkeit des Schicksals, besonders wie es sich im Tode zeigt, zu versöhnen und für die Leiden und Entbehrungen zu entschädigen, die dem Menschen durch das kulturelle Zusammenleben auferlegt werden.

Aber allmählich verschiebt sich innerhalb dieser Leistungen der Akzent. Man merkt, daß die Naturerscheinungen sich nach inneren Notwendigkeiten von selbst abwickeln; gewiß sind die Götter die Herren der Natur, sie haben sie so eingerichtet und können sie nun sich selbst überlassen. Nur gelegentlich greifen sie in den sogenannten Wundern in ihren Lauf ein, wie um zu versichern, daß sie von ihrer ursprünglichen Machtsphäre nichts aufgegeben haben. Was die Austeilung der Schicksale betrifft, so bleibt eine unbehagliche Ahnung bestehen, daß der Rat- und Hilflosigkeit des Menschengeschlechts nicht abgeholfen werden kann. Hier versagen die Götter am ehesten; wenn sie selbst das Schicksal machen, so muß man ihren Ratschluß unerforschlich heißen; dem begabtesten Volk des Altertums dämmert die Einsicht, daß die *Moira* über den Göttern steht und daß die Götter selbst ihre Schicksale haben. Und je mehr die Natur selbständig wird, die Götter sich von ihr zurückziehen, desto ernsthafter drängen alle Erwartungen auf die dritte Leistung, die ihnen zugewiesen ist, desto mehr wird das Moralische ihre eigentliche Domäne. Göttliche Aufgabe wird es nun, die Mängel und Schäden der Kultur auszugleichen, die Leiden in acht zu nehmen, die die Menschen im Zusammenleben einander zufügen, über die Ausführung der Kulturvorschriften zu wachen, die die Menschen so schlecht befolgen. Den Kulturvorschriften selbst wird göttlicher Ursprung zugesprochen, sie werden über die menschliche Gesellschaft hinausgehoben, auf Natur und Weltgeschehen ausgedehnt.

So wird ein Schatz von Vorstellungen geschaffen, geboren aus dem Bedürfnis, die menschliche Hilflosigkeit erträglich zu machen, erbaut aus dem Material der Erinnerungen an die Hilflosigkeit der eigenen und der Kindheit des Menschengeschlechts. Es ist deutlich erkennbar, daß dieser Besitz den Menschen nach zwei Richtungen beschützt, gegen die Gefahren der Natur und des Schicksals und gegen die Schädigungen aus der menschlichen

Gesellschaft selbst. Im Zusammenhang lautet es: das Leben in dieser Welt dient einem höheren Zweck, der zwar nicht leicht zu erraten ist, aber gewiß eine Vervollkommnung des menschlichen Wesens bedeutet. Wahrscheinlich soll das Geistige des Menschen, die Seele, die sich im Lauf der Zeiten so langsam und widerstrebend vom Körper getrennt hat, das Objekt dieser Erhebung und Erhöhung sein. Alles was in dieser Welt vor sich geht, ist Ausführung der Absichten einer uns überlegenen Intelligenz, die, wenn auch auf schwer zu verfolgenden Wegen und Umwegen, schließlich alles zum Guten, d. h. für uns Erfreulichen lenkt. Über jedem von uns wacht eine gütige, nur scheinbar gestrenge Vorsehung, die nicht zuläßt, daß wir zum Spielball der überstarken und schonungslosen Naturkräfte werden; der Tod selbst ist keine Vernichtung, keine Rückkehr zum anorganisch Leblosen, sondern der Anfang einer neuen Art von Existenz, die auf dem Wege der Höherentwicklung liegt. Und nach der anderen Seite gewendet, dieselben Sittengesetze, die unsere Kulturen aufgestellt haben, beherrschen auch alles Weltgeschehen, nur werden sie von einer höchsten richterlichen Instanz mit ungleich mehr Macht und Konsequenz behütet. Alles Gute findet endlich seinen Lohn, alles Böse seine Strafe, wenn nicht schon in dieser Form des Lebens, so in den späteren Existenzen, die nach dem Tod beginnen. Somit sind alle Schrecken, Leiden und Härten des Lebens zur Austilgung bestimmt; das Leben nach dem Tode, das unser irdisches Leben fortsetzt, wie das unsichtbare Stück des Spektrums dem sichtbaren angefügt ist, bringt all die Vollendung, die wir hier vielleicht vermißt haben. Und die überlegene Weisheit, die diesen Ablauf lenkt, die Allgüte, die sich in ihm äußert, die Gerechtigkeit, die sich ihm durchsetzt, das sind die Eigenschaften der göttlichen Wesen, die auch uns und die Welt im Ganzen geschaffen haben. Oder vielmehr des einen göttlichen Wesens, zu dem sich in unserer Kultur alle Götter der Vorzeiten verdichtet haben. Das Volk, dem zuerst solche Konzentrierung der göttlichen Eigenschaften gelang, war nicht wenig stolz auf diesen Fortschritt. Es hatte den väterlichen Kern, der von jeher hinter jeder Gottesgestalt verborgen war, freigelegt; im Grunde war es eine Rückkehr zu den historischen Anfängen der Gottesidee. Nun, da Gott ein Einziger war, konnten die Beziehungen zu ihm die Innigkeit und Intensität des kindlichen Verhältnisses zum Vater wiedergewinnen. Wenn man soviel für den Vater getan hatte, wollte man aber auch belohnt werden, zum mindesten das einziggeliebte Kind sein, das auserwählte Volk. Sehr viel später erhebt das fromme Amerika den Anspruch, »*God's own country*« zu sein, und für eine der Formen, unter denen die Menschen die Gottheit verehren, trifft es auch zu.

Die religiösen Vorstellungen, die vorhin zusammengefaßt wurden, haben natürlich eine lange Entwicklung durchgemacht, sind von verschiedenen Kulturen in verschiedenen Phasen festgehalten worden. Ich habe eine einzelne solche Entwicklungsphase herausgegriffen, die etwa der Endgestaltung in unserer heutigen weißen, christlichen Kultur entspricht. Es ist leicht zu bemerken, daß nicht alle Stücke dieses Ganzen gleich gut zueinander stimmen, daß nicht alle dringenden Fragen beantwortet werden, daß der Widerspruch der täglichen Erfahrung nur mit Mühe abgewiesen werden kann. Aber so wie sie sind, werden diese Vorstellungen — die im weitesten Sinn religiösen — als der kostbarste Besitz der Kultur eingeschätzt, als das Wertvollste, was sie ihren Teilnehmern zu bieten hat, weit höher geschätzt als alle Künste, der Erde ihre Schätze zu entlocken, die Menschheit mit Nahrung zu versorgen oder ihren Krankheiten vorzubeugen usw. Die Menschen meinen, das Leben nicht ertragen zu können, wenn sie diesen Vorstellungen nicht den Wert beilegen, der für sie beansprucht wird. Und nun ist die Frage, was sind diese Vorstellungen im Lichte der Psychologie, woher beziehen sie ihre Hochschätzung und um schüchtern fortzusetzen: was ist ihr wirklicher Wert?

IV

Eine Untersuchung, die ungestört fortschreitet wie ein Monolog, ist nicht ganz ungefährlich. Man gibt zu leicht der Versuchung nach, Gedanken zur Seite zu schieben, die sie unterbrechen wollen, und tauscht dafür ein Gefühl von Unsicherheit ein, das man am Ende durch allzu große Entschiedenheit übertönen will. Ich stelle mir also einen Gegner vor, der meine Ausführungen mit Mißtrauen verfolgt, und lasse ihn von Stelle zu Stelle zu Worte kommen.

Ich höre ihn sagen: »Sie haben wiederholt die Ausdrücke gebraucht: die Kultur schafft diese religiösen Vorstellungen, die Kultur stellt sie ihren Teilnehmern zur Verfügung, daran klingt etwas befremdend; ich könnte selbst nicht sagen warum, es hört sich nicht so selbstverständlich an, wie daß die Kultur Anordnungen geschaffen hat über die Verteilung des Arbeitsertrags oder über die Rechte an Weib und Kind.«

Ich meine aber doch, daß man berechtigt ist, sich so auszudrücken. Ich habe versucht zu zeigen, daß die religiösen Vorstellungen aus demselben Bedürfnis hervorgegangen sind wie alle anderen Errungenschaften der Kultur, aus der Notwendigkeit, sich gegen die erdrückende Übermacht der Natur zu verteidigen. Dazu kam ein zweites Motiv, der Drang, die peinlich verspürten Unvollkommenheiten der Kultur zu korrigieren. Es ist auch besonders zutreffend zu sagen, daß die Kultur dem Einzelnen diese Vorstellungen schenkt, denn er findet sie vor, sie werden ihm fertig entgegengebracht, er wäre nicht imstande, sie allein zu finden. Es ist die Erbschaft vieler Generationen, in die er eintritt, die er übernimmt wie das Einmaleins, die Geometrie u. a. Es gibt hierbei freilich einen Unterschied, aber der liegt anderswo, kann jetzt noch nicht beleuchtet werden. An dem Gefühl von Befremdung, das Sie erwähnen, mag es Anteil haben, daß man uns diesen Besitz von religiösen Vorstellungen als göttliche Offenbarung vorzuführen pflegt. Allein das ist selbst schon ein Stück des religiösen Systems, vernachlässigt ganz die uns bekannte historische Entwicklung dieser Ideen und ihre Verschiedenheiten in verschiedenen Zeiten und Kulturen.

»Ein anderer Punkt, der mir wichtiger erscheint. Sie lassen die Vermenschlichung der Natur aus dem Bedürfnis hervorgehen, der menschlichen Rat- und Hilflosigkeit gegen deren gefürchtete Kräfte ein Ende zu machen, sich in Beziehung zu ihnen zu setzen und sie endlich zu beeinflussen. Aber ein solches Motiv scheint überflüssig zu sein. Der primitive Mensch hat ja keine Wahl, keinen anderen Weg des Denkens. Es ist ihm natürlich, wie eingeboren, daß er sein Wesen in die Welt hinausprojiziert, alle Vorgänge, die er beobachtet, als Äußerungen von Wesen ansieht, die im Grunde ähnlich sind wie er selbst. Es ist das die einzige Methode seines Begreifens. Und es ist keineswegs selbstverständlich, viel mehr ein merkwürdiges Zusammentreffen, wenn es ihm gelingen sollte, durch solches Gewährenlassen seiner natürlichen Anlage eines seiner großen Bedürfnisse zu befriedigen.«

Ich finde das nicht so auffällig. Meinen Sie denn, daß das Denken der Menschen keine praktischen Motive kennt, bloß der Ausdruck einer uneigennützigen Wißbegierde ist? Das ist doch sehr unwahrscheinlich. Eher glaube ich, daß der Mensch, auch wenn er die Naturkräfte personifiziert, einem infantilen Vorbild folgt. Er hat an den Personen seiner ersten Umgebung gelernt, daß, wenn er eine Relation zu ihnen herstellt, dies der Weg ist, um sie zu beeinflussen, und darum behandelt er später in der gleichen Absicht alles andere, was ihm begegnet, wie jene Personen. Ich widerspreche also Ihrer deskriptiven Bemerkung nicht, es ist wirklich dem Menschen natürlich, alles zu personifizieren, was er begreifen will, um es später zu beherrschen, — die psychische Bewältigung als Vorbereitung zur physischen, — aber ich gebe Motiv und Genese dieser Eigentümlichkeit des menschlichen Denkens dazu.

»Und jetzt noch ein drittes: Sie haben ja den Ursprung der Religion früher einmal behandelt, in Ihrem Buch ‚Totem und Tabu'. Aber dort sieht es anders aus. Alles ist das Sohn-Vater-Verhältnis, Gott ist der erhöhte Vater, die Vatersehnsucht ist die Wurzel des religiösen Bedürfnisses. Seither, scheint es, haben Sie das Moment der menschlichen Ohnmacht und Hilflosigkeit entdeckt, dem ja allgemein die größte Rolle bei der Religionsbildung zugeschrieben wird, und nun schreiben Sie alles auf Hilflosigkeit um, was früher Vaterkomplex war. Darf ich Sie um Auskunft über diese Wandlung bitten?«

Gern, ich wartete nur auf diese Aufforderung. Wenn es wirklich eine Wandlung ist. In »Totem und Tabu« sollte nicht die Entstehung der Religionen erklärt werden, sondern nur die des Totemismus. Können Sie von irgendeinem der Ihnen bekannten Standpunkte verständlich machen, daß die erste Form, in der sich die schützende Gottheit dem Menschen offenbarte, die tierische war, daß ein Verbot bestand, dieses Tier zu töten und zu verzehren, und doch die feierliche Sitte, es einmal im Jahr gemeinsam zu töten und zu verzehren? Gerade das hat im Totemismus statt. Und es ist kaum zweckmäßig, darüber zu streiten, ob man den Totemismus eine Religion heißen soll. Er hat innige Beziehungen zu den späteren Gottesreligionen, die Totemtiere werden zu den heiligen Tieren der Götter. Und die ersten, aber tiefgehendsten, sittlichen Beschränkungen — das Mord-

und das Inzestverbot — entstehen auf dem Boden des Totemismus. Ob Sie nun die Folgerungen von »Totem und Tabu« annehmen oder nicht, ich hoffe, Sie werden zugeben, daß in dem Buch eine Anzahl von sehr merkwürdigen versprengten Tatsachen zu einem konsistenten Ganzen zusammengefaßt ist.

Warum der tierische Gott auf die Dauer nicht genügte und durch den menschlichen abgelöst wurde, das ist in »Totem und Tabu« kaum gestreift worden, andere Probleme der Religionsbildung finden dort überhaupt keine Erwähnung. Halten Sie solche Beschränkung für identisch mit einer Verleugnung? Meine Arbeit ist ein gutes Beispiel von strenger Isolierung des Anteils, den die psychoanalytische Betrachtung zur Lösung des religiösen Problems leisten kann. Wenn ich jetzt versuche, das andere, weniger tief Versteckte hinzuzufügen, so sollen Sie mich nicht des Widerspruchs beschuldigen wie früher der Einseitigkeit. Es ist natürlich meine Aufgabe, die Verbindungswege zwischen dem früher Gesagten und dem jetzt Vorgebrachten, der tieferen und der manifesten Motivierung, dem Vaterkomplex und der Hilflosigkeit und Schutzbedürftigkeit des Menschen aufzuzeigen.

Diese Verbindungen sind nicht schwer zu finden. Es sind die Beziehungen der Hilflosigkeit des Kindes zu der sie fortsetzenden des Erwachsenen, so daß, wie zu erwarten stand, die psychoanalytische Motivierung der

Religionsbildung der infantile Beitrag zu ihrer manifesten Motivierung wird. Versetzen wir uns in das Seelenleben des kleinen Kindes. Sie erinnern sich an die Objektwahl nach dem Anlehnungstypus, von dem die Analyse spricht? Die Libido folgt den Wegen der narzißtischen Bedürfnisse und heftet sich an die Objekte, welche deren Befriedigung versichern. So wird die Mutter, die den Hunger befriedigt, zum ersten Liebesobjekt und gewiß auch zum ersten Schutz gegen alle die unbestimmten, in der Außenwelt drohenden Gefahren, zum ersten Angstschutz, dürfen wir sagen.

In dieser Funktion wird die Mutter bald von dem stärkeren Vater abgelöst, dem sie nun über die ganze Kindheit verbleibt. Das Verhältnis zum Vater ist aber mit einer eigentümlichen Ambivalenz behaftet. Er war selbst eine Gefahr, vielleicht von dem früheren Verhältnis zur Mutter her. So fürchtet man ihn nicht minder, als man sich nach ihm sehnt und ihn bewundert. Die Anzeichen dieser Ambivalenz des Vaterverhältnisses sind allen Religionen tief eingeprägt, wie auch in »Totem und Tabu« ausgeführt wird. Wenn nun der Heranwachsende merkt, daß es ihm bestimmt ist, immer ein Kind zu bleiben, daß er des Schutzes gegen fremde Übermächte nie entbehren kann, verleiht er diesen die Züge der Vatergestalt, er schafft sich die Götter, vor denen er sich fürchtet, die er zu gewinnen sucht und denen er doch einen Schutz überträgt. So ist das Motiv der Vatersehnsucht identisch mit dem Bedürfnis nach Schutz gegen die Folgen der menschlichen Ohnmacht; die Abwehr der kindlichen Hilflosigkeit verleiht der Reaktion auf die Hilflosigkeit, die der Erwachsene anerkennen muß, eben der Religionsbildung, ihre charakteristischen Züge. Aber es ist nicht unsere Absicht, die Entwicklung der Gottesidee weiter zu erforschen; wir haben es hier mit dem fertigen Schatz von religiösen Vorstellungen zu tun, wie ihn die Kultur dem Einzelnen übermittelt.

V

Um den Faden der Untersuchung wieder aufzunehmen: Welches ist also die psychologische Bedeutung der religiösen Vorstellungen, als was können wir sie klassifizieren? Die Frage ist zunächst gar nicht leicht zu beantworten. Nach Abweisung verschiedener Formulierungen wird man bei der einen stehen bleiben: Es sind Lehrsätze, Aussagen über Tatsachen und Verhältnisse der äußeren (oder inneren) Realität, die etwas mitteilen, was man selbst nicht gefunden hat und die beanspruchen, daß man ihnen Glauben schenkt. Da sie Auskunft geben über das für uns Wichtigste und Interessanteste im Leben, werden sie besonders hochgeschätzt. Wer nichts von ihnen weiß, ist sehr unwissend; wer sie in sein Wissen aufgenommen hat, darf sich für sehr bereichert halten.

Es gibt natürlich viele solche Lehrsätze über die verschiedenartigsten Dinge dieser Welt. Jede Schulstunde ist voll von ihnen. Wählen wir die geographische. Wir hören da: Konstanz liegt am Bodensee. Ein Studentenlied setzt hinzu: Wer's nicht glaubt, geh' hin und seh'.

Ich war zufällig dort und kann bestätigen, die schöne Stadt liegt am Ufer eines weiten Gewässers, das alle Umwohnenden Bodensee heißen. Ich bin jetzt auch von der Richtigkeit dieser geographischen Behauptung vollkommen überzeugt. Dabei erinnere ich mich an ein anderes, sehr merkwürdiges Erlebnis. Ich war schon ein gereifter Mann, als ich zum erstenmal auf dem Hügel der athenischen Akropolis stand, zwischen den Tempelruinen, mit dem Blick aufs blaue Meer. In meine Beglückung mengte sich ein Gefühl von Erstaunen, das mir die Deutung eingab: Also ist das wirklich so, wie wir's in der Schule gelernt hatten! Was für seichten und kraftlosen Glauben an die reale Wahrheit des Gehörten muß ich damals erworben haben, wenn ich heute so erstaunt sein kann! Aber ich will die Bedeutung dieses Erlebnisses nicht zu sehr betonen; es ist noch eine andere Erklärung meines Erstaunens möglich, die mir damals nicht einfiel, die durchaus subjektiver Natur ist und mit der Besonderheit des Ortes zusammenhängt.

Alle solche Lehrsätze verlangen also Glauben für ihre Inhalte, aber nicht ohne ihren Anspruch zu begründen. Sie geben sich als das abgekürzte Resultat eines längeren, auf Beobachtung, gewiß auch Schlußfolgerung gegründeten Denkprozesses; wer die Absicht hat, diesen Prozeß selbst durchzumachen, anstatt sein Ergebnis anzunehmen, dem zeigen sie den Weg dazu. Es wird immer auch hinzugesetzt, woher man die Kenntnis hat, die der Lehrsatz verkündet, wo er nicht, wie bei geographischen Behauptungen, selbstverständlich ist. Zum Beispiel die Erde hat die Gestalt einer Kugel; als Beweise dafür werden angeführt der Foucaultsche Pendelversuch, das Verhalten des Horizonts, die Möglichkeit, die Erde zu umschiffen. Da es, wie alle Beteiligten einsehen, untunlich ist, alle Schulkinder auf Erdumseglungen zu schicken, bescheidet man sich damit, die Lehren der Schule auf »Treu und Glauben« annehmen zu lassen, aber man weiß, der Weg zur persönlichen Überzeugung bleibt offen.

Versuchen wir die religiösen Lehrsätze mit demselben Maß zu messen. Wenn wir die Frage aufwerfen, worauf sich ihr Anspruch gründet, geglaubt zu werden, erhalten wir drei Antworten, die merkwürdig schlecht zusammenstimmen. Erstens, sie verdienen Glauben, weil schon unsere Urvorväter sie geglaubt haben, zweitens besitzen wir Beweise, die uns aus eben dieser Vorzeit überliefert sind, und drittens ist es überhaupt verboten, die Frage nach dieser Beglaubigung aufzuwerfen. Dies Unterfangen wurde früher mit den allerhärtesten Strafen belegt und noch heute sieht es die Gesellschaft ungern, daß jemand es erneuert.

Dieser dritte Punkt muß unsere stärksten Bedenken wecken. Ein solches Verbot kann doch nur die eine Motivierung haben, daß die Gesellschaft die Unsicherheit des Anspruchs sehr wohl kennt, den sie für ihre religiösen Lehren erhebt. Wäre es anders, so würde sie gewiß jedem, der sich selbst eine Überzeugung schaffen will, das Material dazu bereitwilligst zur Verfügung stellen. Wir gehen darum mit einem nicht leicht zu beschwichtigenden Mißtrauen an die Prüfung der beiden anderen Beweisgründe. Wir sollen glauben, weil unsere Urväter geglaubt haben. Aber diese unsere Ahnen waren weit unwissender als wir, sie haben an Dinge geglaubt, die wir heute unmöglich annehmen können. Die Möglichkeit regt sich, daß auch die religiösen Lehren von solcher Art sein könnten. Die Beweise, die sie uns hinterlassen haben, sind in Schriften niedergelegt, die selbst alle Charaktere der Unzuverlässigkeit an sich tragen. Sie sind widerspruchsvoll, überarbeitet, verfälscht; wo sie von tatsächlichen Beglaubigungen berichten, selbst unbeglaubigt. Es hilft nicht viel, wenn für ihren Wortlaut oder auch nur für ihren Inhalt die Herkunft von göttlicher Offenbarung behauptet wird, denn diese Behauptung ist bereits selbst ein Stück jener Lehren, die auf ihre Glaubwürdigkeit untersucht werden sollen, und kein Satz kann sich doch selbst beweisen.

So kommen wir zu dem sonderbaren Ergebnis, daß gerade diejenigen Mitteilungen unseres Kulturbesitzes, die die größte Bedeutung für uns haben könnten, denen die Aufgabe zugeteilt ist, uns die Rätsel der Welt aufzuklären und uns mit den Leiden des Lebens zu versöhnen, daß gerade sie die allerschwächste Beglaubigung haben. Wir würden uns nicht entschließen können, eine für uns so gleichgültige Tatsache anzunehmen, wie daß Walfische Junge gebären anstatt Eier abzulegen, wenn sie nicht besser erweisbar wäre.

Dieser Sachverhalt ist an sich ein sehr merkwürdiges psychologisches Problem. Auch möge niemand glauben, daß die vorstehenden Bemerkungen über die Unbeweisbarkeit der religiösen Lehren etwas Neues enthalten. Sie ist zu jeder Zeit verspürt worden, gewiß auch von den Urahnen, die solche Erbschaft hinterlassen haben. Wahrscheinlich haben viele von ihnen dieselben Zweifel genährt wie wir, es lastete aber ein zu starker Druck auf ihnen, als daß sie gewagt hätten, dieselben zu äußern. Und seither haben sich unzählige Menschen mit den nämlichen Zweifeln gequält, die sie unterdrücken wollten, weil sie sich für verpflichtet hielten zu glauben, sind viele glänzende Intellekte an diesem Konflikt gescheitert, haben viele Charaktere an den Kompromissen Schaden gelitten, in denen sie einen Ausweg suchten.

Wenn alle Beweise, die man für die Glaubwürdigkeit der religiösen Lehrsätze vorbringt, aus der Vergangenheit stammen, so liegt es nahe umzuschauen, ob nicht die besser zu beurteilende Gegenwart auch solche Beweise liefern kann. Wenn es gelänge, nur ein einzelnes Stück des religiösen Systems solcher Art dem Zweifel zu entziehen, so würde dadurch das Ganze außerordentlich an Glaubhaftigkeit gewinnen. Hier setzt die Tätigkeit der Spiritisten ein, die von der Fortdauer der individuellen Seele überzeugt sind und uns diesen einen Satz der religiösen Lehre zweifelsfrei demonstrieren wollen. Es gelingt ihnen leider nicht zu widerlegen, daß die Erscheinungen und Äußerungen ihrer Geister nur Produktionen ihrer eigenen Seelentätigkeit sind. Sie haben die Geister der größten Menschen, der hervorragendsten Denker zitiert, aber alle Äußerungen und Auskünfte, die sie von ihnen erhielten, waren so albern, so trostlos nichtssagend, daß man nichts anderes glaubwürdig finden kann als die Fähigkeit der Geister, sich dem Kreis von Menschen anzupassen, der sie heraufbeschwört.

Man muß nun zweier Versuche gedenken, die den Eindruck krampfhafter Bemühung machen, dem Problem zu entgehen. Der eine, gewaltsamer Natur, ist alt, der andere subtil und modern. Der erstere ist das *Credo quia absurdum* des Kirchenvaters. Das will besagen, die religiösen Lehren sind den Ansprüchen der Vernunft entzogen, sie stehen über der Vernunft. Man muß ihre Wahrheit innerlich verspüren, braucht sie nicht zu begreifen. Allein dieses *Credo* ist nur als Selbstbekenntnis interessant, als Machtspruch ist es ohne Verbindlichkeit. Soll ich verpflichtet werden, jede Absurdität zu glauben? Und wenn nicht, warum gerade diese? Es gibt keine Instanz über der Vernunft. Wenn die Wahrheit der religiösen Lehren abhängig ist von einem inneren Erlebnis, das diese Wahrheit bezeugt, was macht man mit den vielen Menschen, die solch ein seltenes Erlebnis nicht haben? Man kann von allen Menschen verlangen, daß sie die Gabe der Vernunft anwenden, die sie besitzen, aber man kann nicht eine für alle gültige Verpflichtung auf ein Motiv aufbauen, das nur bei ganz wenigen existiert. Wenn der Eine aus einem ihn tief ergreifenden ekstatischen Zustand die unerschütterliche Überzeugung von der realen Wahrheit der religiösen Lehren gewonnen hat, was bedeutet das dem Anderen?

Der zweite Versuch ist der der Philosophie des »Als ob«. Er führt aus, daß es in unserer Denktätigkeit reichlich Annahmen gibt, deren Grundlosigkeit, ja deren Absurdität wir voll einsehen. Sie werden Fiktionen geheißen, aber aus mannigfachen praktischen Motiven müßten wir uns so benehmen, »als ob« wir an diese Fiktionen glaubten. Dies treffe für die religiösen Lehren wegen ihrer unvergleichlichen Wichtigkeit für die Aufrechterhaltung der menschlichen Gesellschaft zu.[1] Diese Argumentation ist von dem *Credo quia absurdum* nicht weit entfernt. Aber ich meine die Forderung des »Als ob«

---

1) Ich hoffe kein Unrecht zu begehen, wenn ich den Philosophen des »Als ob« eine Ansicht vertreten lasse, die auch anderen Denkern nicht fremd ist. Vgl. H. Vaihinger, Die Philosophie des Als ob, Siebente und achte Auflage 1922, S. 68: »Wir ziehen in den Kreis der Fiktion nicht nur gleichgültige, theoretische Operationen herein,

ist eine solche, wie sie nur ein Philosoph aufstellen kann. Der durch die Künste der Philosophie in seinem Denken nicht beeinflußte Mensch wird sie nie annehmen können, für ihn ist mit dem Zugeständnis der Absurdität, der Vernunftwidrigkeit, alles erledigt. Er kann nicht dazu verhalten werden, gerade in der Behandlung seiner wichtigsten Interessen auf die Sicherheiten zu verzichten, die er sonst für alle seine gewöhnlichen Tätigkeiten verlangt. Ich erinnere mich an eines meiner Kinder, das sich frühzeitig durch eine besondere Betonung der Sachlichkeit auszeichnete. Wenn den Kindern ein Märchen erzählt wurde, dem sie andächtig lauschten, kam er hinzu und fragte: Ist das eine wahre Geschichte? Nachdem man es verneint hatte, zog er mit einer geringschätzigen Miene ab. Es steht zu erwarten, daß sich die Menschen gegen die religiösen Märchen bald ähnlich benehmen werden, trotz der Fürsprache des »Als ob«.

Aber sie benehmen sich derzeit noch ganz anders und in vergangenen Zeiten haben die religiösen Vorstellungen trotz ihres unbestreitbaren Mangels an Beglaubigung den allerstärksten Einfluß auf die Menschheit geübt. Das ist

---

sondern Begriffsgebilde, welche die edelsten Menschen ersonnen haben, an denen das Herz des edleren Teiles der Menschheit hängt und welche diese sich nicht entreißen läßt. Wir wollen das auch gar nicht tun — als praktische Fiktion lassen wir das alles bestehen, als theoretische Wahrheit aber stirbt es dahin.«

ein neues psychologisches Problem. Man muß fragen, worin besteht die innere Kraft dieser Lehren, welchem Umstand verdanken sie ihre von der vernünftigen Anerkennung unabhängige Wirksamkeit?

VI

Ich meine, wir haben die Antwort auf beide Fragen genügend vorbereitet. Sie ergibt sich, wenn wir die psychische Genese der religiösen Vorstellungen ins Auge fassen. Diese, die sich als Lehrsätze ausgeben, sind nicht Niederschläge der Erfahrung oder Endresultate des Denkens, es sind Illusionen, Erfüllungen der ältesten, stärksten, dringendsten Wünsche der Menschheit; das Geheimnis ihrer Stärke ist die Stärke dieser Wünsche. Wir wissen schon, der schreckende Eindruck der kindlichen Hilflosigkeit hat das Bedürfnis nach Schutz — Schutz durch Liebe — erweckt, dem der Vater abgeholfen hat, die Erkenntnis von der Fortdauer dieser Hilflosigkeit durchs ganze Leben hat das Festhalten an der Existenz eines — aber nun mächtigeren Vaters — verursacht. Durch das gütige Walten der göttlichen Vorsehung wird die Angst vor den Gefahren des Lebens beschwichtigt, die Einsetzung einer sittlichen Weltordnung versichert die Erfüllung der Gerechtigkeitsforderung, die innerhalb der menschlichen Kultur so oft unerfüllt geblieben ist, die

Verlängerung der irdischen Existenz durch ein zukünftiges Leben stellt den örtlichen und zeitlichen Rahmen bei, in dem sich diese Wunscherfüllungen vollziehen sollen. Antworten auf Rätselfragen der menschlichen Wißbegierde, wie nach der Entstehung der Welt und der Beziehung zwischen Körperlichem und Seelischem werden unter den Voraussetzungen dieses Systems entwickelt; es bedeutet eine großartige Erleichterung für die Einzelpsyche, wenn die nie ganz überwundenen Konflikte der Kinderzeit aus dem Vaterkomplex ihr abgenommen und einer von allen angenommenen Lösung zugeführt werden.

Wenn ich sage, das alles sind Illusionen, muß ich die Bedeutung des Wortes abgrenzen. Eine Illusion ist nicht dasselbe wie ein Irrtum, sie ist auch nicht notwendig ein Irrtum. Die Meinung des Aristoteles, daß sich Ungeziefer aus Unrat entwickle, an der das unwissende Volk noch heute festhält, war ein Irrtum, ebenso die einer früheren ärztlichen Generation, daß die *Tabes dorsalis* die Folge von sexueller Ausschweifung sei. Es wäre mißbräuchlich, diese Irrtümer Illusionen zu heißen. Dagegen war es eine Illusion des Kolumbus, daß er einen neuen Seeweg nach Indien entdeckt habe. Der Anteil seines Wunsches an diesem Irrtum ist sehr deutlich. Als Illusion kann man die Behauptung gewisser Nationalisten bezeichnen, die Indogermanen seien die einzige kulturfähige Menschenrasse, oder den Glauben, den erst die Psychoanalyse zerstört hat, das Kind sei ein Wesen ohne Sexualität. Für die Illusion bleibt charakteristisch die Ableitung aus menschlichen Wünschen, sie nähert sich in dieser Hinsicht der psychiatrischen Wahnidee, aber sie scheidet sich, abgesehen von dem komplizierteren Aufbau der Wahnidee, auch von dieser. An der Wahnidee heben wir als wesentlich den Widerspruch gegen die Wirklichkeit hervor, die Illusion muß nicht notwendig falsch, d. h. unrealisierbar oder im Widerspruch mit der Realität sein. Ein Bürgermädchen kann sich z. B. die Illusion machen, daß ein Prinz kommen wird, um sie heimzuholen. Es ist möglich, einige Fälle dieser Art haben sich ereignet. Daß der Messias kommen und ein goldenes Zeitalter begründen wird, ist weit weniger wahrscheinlich; je nach der persönlichen Einstellung des Urteilenden wird er diesen Glauben als Illusion oder als Analogie einer Wahnidee klassifizieren. Beispiele von Illusionen, die sich bewahrheitet haben, sind sonst nicht leicht aufzufinden. Aber die Illusion der Alchimisten, alle Metalle in Gold verwandeln zu können, könnte eine solche sein. Der Wunsch, sehr viel Gold, soviel Gold als möglich zu haben, ist durch unsere heutige Einsicht in die Bedingungen des Reichtums sehr gedämpft, doch hält die Chemie eine Umwandlung der Metalle in Gold nicht mehr für unmöglich. Wir heißen also einen Glauben eine Illusion, wenn sich in seiner Motivierung die Wunscherfüllung vordrängt, und sehen dabei von seinem Verhältnis zur Wirklichkeit ab, ebenso wie die Illusion selbst auf ihre Beglaubigungen verzichtet.

Wenden wir uns nach dieser Orientierung wieder zu den religiösen Lehren, so dürfen wir wiederholend sagen: Sie sind sämtlich Illusionen, unbeweisbar, niemand darf gezwungen werden, sie für wahr zu halten, an sie zu glauben. Einige von ihnen sind so unwahrscheinlich, so sehr im Widerspruch zu allem, was wir mühselig über die Realität der Welt erfahren haben, daß man sie — mit entsprechender Berücksichtigung der psychologischen Unterschiede — den Wahnideen vergleichen kann. Über den Realitätswert der meisten von ihnen kann man nicht urteilen. So wie sie unbeweisbar sind, sind sie auch unwiderlegbar. Man weiß noch zu wenig, um ihnen kritisch näher zu rücken. Die Rätsel der Welt entschleiern sich unserer Forschung nur langsam, die Wissenschaft kann auf viele Fragen heute noch keine Antwort geben. Die wissenschaftliche Arbeit ist aber für uns der einzige Weg, der zur Kenntnis der Realität außer uns führen kann. Es ist wiederum nur Illusion, wenn man von der Intuition und der Selbstversenkung etwas erwartet; sie kann uns nichts geben als — schwer deutbare — Aufschlüsse über unser eigenes Seelenleben, niemals Auskunft über die Fragen, deren Beantwortung der religiösen Lehre so leicht wird. Die eigene Willkür in die Lücke eintreten zu lassen und nach persönlichem Ermessen dies oder jenes Stück des religiösen Systems für mehr oder weniger annehmbar zu erklären, wäre frevelhaft. Dafür sind diese Fragen zu bedeutungsvoll, man möchte sagen: zu heilig.

An dieser Stelle kann man auf den Einwand gefaßt sein: Also, wenn selbst die verbissenen Skeptiker zugeben, daß die Behauptungen der Religion nicht mit dem Verstand zu widerlegen sind, warum soll ich ihnen dann nicht glauben, da sie soviel für sich haben, die Tradition, die Übereinstimmung der Menschen und all das Tröstliche ihres Inhalts? Ja, warum nicht? So wie niemand zum Glauben gezwungen werden kann, so auch niemand zum Unglauben. Aber man gefalle sich nicht in der Selbsttäuschung, daß man mit solchen Begründungen die Wege des korrekten Denkens geht. Wenn die Verurteilung »faule Ausrede« je am Platze war, so hier. Die Unwissenheit ist die Unwissenheit; kein Recht etwas zu glauben, leitet sich aus ihr ab. Kein vernünftiger Mensch wird sich in anderen Dingen so leichtsinnig benehmen und sich mit so armseligen Begründungen seiner Urteile, seiner Parteinahme, zufrieden geben, nur in den höchsten und heiligsten Dingen gestattet er sich das. In Wirklichkeit sind es nur Bemühungen um sich oder anderen vorzuspiegeln, man halte noch an der Religion fest, während man sich längst von ihr abgelöst hat. Wenn es sich um Fragen der Religion handelt, machen sich die Menschen aller möglichen Unaufrichtigkeiten und intellektuellen Unarten schuldig. Philosophen überdehnen die Bedeutung von Worten, bis diese kaum etwas von ihrem ursprünglichen Sinn übrig behalten, sie heißen irgendeine verschwommene Abstraktion, die sie sich geschaffen haben »Gott«, und sind nun auch Deisten, Gottesgläubige, vor aller Welt, können sich selbst rühmen, einen höheren, reineren Gottesbegriff erkannt zu haben, obwohl ihr Gott nur mehr ein wesenloser Schatten ist und nicht mehr die machtvolle Persönlichkeit der religiösen Lehre. Kritiker beharren darauf, einen Menschen, der sich zum Gefühl der menschlichen Kleinheit und Ohnmacht vor dem Ganzen der Welt bekannt, für »tief religiös« zu erklären, obwohl nicht dieses Gefühl das Wesen der Religiosität ausmacht, sondern erst der nächste Schritt, die Reaktion darauf, die gegen dies Gefühl eine Abhilfe sucht. Wer nicht weiter geht, wer sich demütig mit der geringfügigen Rolle des Menschen in der großen Welt bescheidet, der ist vielmehr irreligiös im wahrsten Sinne des Wortes.

Es liegt nicht im Plane dieser Untersuchung, zum Wahrheitswert der religiösen Lehren Stellung zu nehmen. Es genügt uns, sie in ihrer psychologischen Natur als Illusionen erkannt zu haben. Aber wir brauchen nicht zu verhehlen, daß diese Aufdeckung auch unsere Einstellung zu der Frage, die vielen als die wichtigste erscheinen muß, mächtig beeinflußt. Wir wissen ungefähr, zu welchen Zeiten die religiösen Lehren geschaffen worden sind und von was für Menschen. Erfahren wir noch, aus welchen Motiven es geschah, so erfährt unser Standpunkt zum religiösen Problem eine merkliche Verschiebung. Wir sagen uns, es wäre ja sehr schön, wenn es einen Gott gäbe als Weltenschöpfer und gütige Vorsehung, eine sittliche Weltordnung und ein jenseitiges Leben, aber es ist doch sehr auffällig, daß dies alles so ist, wie wir es uns wünschen müssen. Und es wäre noch sonderbarer, daß unseren armen, unwissenden, unfreien Vorvätern die Lösung all dieser schwierigen Welträtsel geglückt sein sollte.

VII

Wenn wir die religiösen Lehren als Illusionen erkannt haben, erhebt sich sofort die weitere Frage, ob nicht auch anderer Kulturbesitz, den wir hochhalten und von dem wir unser Leben beherrschen lassen, ähnlicher Natur ist. Ob nicht die Voraussetzungen, die unsere staatlichen Einrichtungen regeln, gleichfalls Illusionen genannt werden müssen, ob nicht die Beziehungen der Geschlechter in unserer Kultur durch eine oder eine Reihe von erotischen Illusionen getrübt werden? Ist unser Mißtrauen einmal rege geworden, so werden wir auch vor der Frage nicht zurückschrecken, ob unsere Überzeugung, durch die Anwendung des Beobachtens und Denkens in wissenschaftlicher Arbeit etwas von der äußeren Realität erfahren zu können, eine bessere Begründung hat. Nichts darf uns abhalten, die Wendung der Beobachtung auf unser eigenes Wesen und die Verwendung des Denkens zu seiner eigenen Kritik gutzuheißen. Eine Reihe von Untersuchungen eröffnet sich hier, deren Ausfall entscheidend für den Aufbau einer

»Weltanschauung« werden müßte. Wir ahnen auch, daß eine solche Bemühung nicht verschwendet sein und daß sie unserem Argwohn wenigstens teilweise Rechtfertigung bringen wird. Aber das Vermögen des Autors verweigert sich einer so umfassenden Aufgabe, notgedrungen engt er seine Arbeit auf die Verfolgung einer einzigen von diesen Illusionen, eben der religiösen, ein.

Die laute Stimme unseres Gegners gebietet uns nun halt. Wir werden zur Rechenschaft gezogen ob unseres verbotenen Tuns. Er sagt uns:

»Archäologische Interessen sind ja recht lobenswert, aber man stellt keine Ausgrabungen an, wenn man durch sie die Wohnstätten der Lebenden untergräbt, so daß sie einstürzen und die Menschen unter ihren Trümmern verschütten. Die religiösen Lehren sind kein Gegenstand, über den man klügeln kann wie über einen beliebigen anderen. Unsere Kultur ist auf ihnen aufgebaut, die Erhaltung der menschlichen Gesellschaft hat zur Voraussetzung, daß die Menschen in ihrer Überzahl an die Wahrheit dieser Lehren glauben. Wenn man sie lehrt, daß es keinen allmächtigen und allgerechten Gott gibt, keine göttliche Weltordnung und kein künftiges Leben, so werden sie sich aller Verpflichtung zur Befolgung der Kulturvorschriften ledig fühlen. Jeder wird ungehemmt, angstfrei, seinen asozialen, egoistischen Trieben folgen, seine Macht zu betätigen suchen, das Chaos wird wieder beginnen, das wir in vieltausendjähriger Kulturarbeit gebannt haben. Selbst wenn man es wüßte und beweisen könnte, daß die Religion nicht im Besitz der Wahrheit ist, müßte man es verschweigen und sich so benehmen, wie es die Philosophie des ‚Als ob' verlangt. Im Interesse der Erhaltung Aller! Und von der Gefährlichkeit des Unternehmens abgesehen, es ist auch eine zwecklose Grausamkeit. Unzählige Menschen finden in den Lehren der Religion ihren einzigen Trost, können nur durch ihre Hilfe das Leben ertragen. Man will ihnen diese ihre Stütze rauben und hat ihnen nichts Besseres dafür zu geben. Es ist zugestanden worden, daß die Wissenschaft derzeit nicht viel leistet, aber auch wenn sie viel weiter fortgeschritten wäre, würde sie den Menschen nicht genügen. Der Mensch hat noch andere imperative Bedürfnisse, die nie durch die kühle Wissenschaft befriedigt werden können, und es ist sehr sonderbar, geradezu ein Gipfel der Inkonsequenz, wenn ein Psycholog, der immer betont hat, wie sehr im Leben der Menschen die Intelligenz gegen das Triebleben zurücktritt, sich nun bemüht, den Menschen eine kostbare Wunschbefriedigung zu rauben und sie dafür mit intellektueller Kost entschädigen will.«

Das sind viel Anklagen auf einmal! Aber ich bin vorbereitet, ihnen allen zu widersprechen und überdies werde ich die Behauptung vertreten, daß es eine größere Gefahr für die Kultur bedeutet, wenn man ihr gegenwärtiges Verhältnis zur Religion aufrecht hält, als wenn man es löst. Nur weiß ich kaum, womit ich in meiner Erwiderung beginnen soll.

Vielleicht mit der Versicherung, daß ich selbst mein Unternehmen für völlig harmlos und ungefährlich halte. Die Überschätzung des Intellekts ist diesmal nicht auf meiner Seite. Wenn die Menschen so sind, wie die Gegner sie beschreiben, — und ich mag dem nicht widersprechen, — so besteht keine Gefahr, daß ein Frommgläubiger sich, durch meine Ausführungen überwältigt, seinen Glauben entreißen läßt. Außerdem habe ich nichts gesagt, was nicht andere, bessere Männer viel vollständiger, kraftvoller und eindrucksvoller vor mir gesagt haben. Die Namen dieser Männer sind bekannt; ich werde sie nicht anführen, es soll nicht der Anschein geweckt werden, daß ich mich in ihre Reihe stellen will. Ich habe bloß — dies ist das einzig Neue an meiner Darstellung — der Kritik meiner großen Vorgänger etwas psychologische Begründung hinzugefügt. Daß gerade dieser Zusatz die Wirkung erzwingen wird, die den früheren versagt geblieben ist, ist kaum zu erwarten. Freilich könnte man mich jetzt fragen, wozu schreibt man solche Dinge, wenn man ihrer Wirkungslosigkeit sicher ist. Aber darauf kommen wir später zurück.

Der einzige, dem diese Veröffentlichung Schaden bringen kann, bin ich selbst. Ich werde die unliebenswürdigsten Vorwürfe zu hören bekommen wegen Seichtigkeit, Borniertheit, Mangel an Idealismus und an Verständnis für die höchsten Interessen der Menschheit. Aber einerseits sind mir diese Vorhaltungen nicht neu, und anderseits, wenn jemand schon in jungen Jahren sich über das Mißfallen seiner Zeitgenossen hinausgesetzt hat, was soll es ihm im Greisenalter anhaben, wenn er sicher ist, bald jeder Gunst und Mißgunst entrückt zu werden? In früheren Zeiten war es anders, da erwarb man durch solche Äußerungen eine sichere Verkürzung seiner irdischen Existenz und eine gute Beschleunigung der Gelegenheit, eigene Erfahrungen über das jenseitige Leben zu machen. Aber ich wiederhole, jene Zeiten sind vorüber und heute ist solche Schreiberei auch für den Autor ungefährlich. Höchstens daß sein Buch in dem einen oder dem anderen Land nicht übersetzt und nicht verbreitet werden darf. Natürlich gerade in einem Land, das sich des Hochstands seiner Kultur sicher fühlt. Aber wenn man überhaupt für Wunschverzicht und Ergebung in das Schicksal plädiert, muß man auch diesen Schaden ertragen können.

Es tauchte dann bei mir die Frage auf, ob die Veröffentlichung dieser Schrift nicht doch jemand Unheil bringen könnte. Zwar keiner Person, aber einer Sache, der Sache der Psychoanalyse. Es ist ja nicht zu leugnen, daß sie meine Schöpfung ist, man hat ihr reichlich Mißtrauen und Übelwollen bezeigt; wenn ich jetzt mit so unliebsamen Äußerungen hervortrete, wird man für die

Verschiebung von meiner Person auf die Psychoanalyse nur allzu bereit sein. Jetzt sieht man, wird es heißen, wohin die Psychoanalyse führt. Die Maske ist gefallen; zur Leugnung von Gott und sittlichem Ideal, wie wir es ja immer vermutet haben. Um uns von der Entdeckung abzuhalten, hat man uns vorgespiegelt, die Psychoanalyse habe keine Weltanschauung und könne keine bilden.

Dieser Lärm wird mir wirklich unangenehm sein, meiner vielen Mitarbeiter wegen, von denen manche meine Einstellung zu den religiösen Problemen überhaupt nicht teilen. Aber die Psychoanalyse hat schon viele Stürme überstanden, man muß sie auch diesem neuen aussetzen. In Wirklichkeit ist die Psychoanalyse eine Forschungsmethode, ein parteiloses Instrument, wie etwa die Infinitesimalrechnung. Wenn ein Physiker mit deren Hilfe herausbekommen sollte, daß die Erde nach einer bestimmten Zeit zugrunde gehen wird, so wird man sich doch bedenken, dem Kalkül selbst destruktive Tendenzen zuzuschreiben und ihn darum zu ächten. Alles, was ich hier gegen den Wahrheitswert der Religionen gesagt habe, brauchte die Psychoanalyse nicht, ist lange vor ihrem Bestand von anderen gesagt worden. Kann man aus der Anwendung der psychoanalytischen Methode ein neues Argument gegen den Wahrheitsgehalt der Religion gewinnen, *tant pis* für die Religion, aber Verteidiger der Religion werden sich mit demselben

Recht der Psychoanalyse bedienen, um die affektive Bedeutung der religiösen Lehre voll zu würdigen.

Nun, um in der Verteidigung fortzufahren: die Religion hat der menschlichen Kultur offenbar große Dienste geleistet, zur Bändigung der asozialen Triebe viel beigetragen, aber nicht genug. Sie hat durch viele Jahrtausende die menschliche Gesellschaft beherrscht; hatte Zeit zu zeigen, was sie leisten kann. Wenn es ihr gelungen wäre, die Mehrzahl der Menschen zu beglücken, zu trösten, mit dem Leben auszusöhnen, sie zu Kulturträgern zu machen, so würde es niemand einfallen, nach einer Änderung der bestehenden Verhältnisse zu streben. Was sehen wir anstatt dessen? Daß eine erschreckend große Anzahl von Menschen mit der Kultur unzufrieden und in ihr unglücklich ist, sie als ein Joch empfindet, das man abschütteln muß, daß diese Menschen entweder alle Kräfte an eine Abänderung dieser Kultur setzen, oder in ihrer Kulturfeindschaft so weit gehen, daß sie von Kultur und Triebeinschränkung überhaupt nichts wissen wollen. Man wird uns hier einwerfen, dieser Zustand komme eben daher, daß die Religion einen Teil ihres Einflusses auf die Menschenmassen eingebüßt hat, gerade infolge der bedauerlichen Wirkung der Fortschritte in der Wissenschaft. Wir werden uns dieses Zugeständnis und seine Begründung merken und es später für unsere Absichten verwerten, aber der Einwand selbst ist kraftlos.

Es ist zweifelhaft, ob die Menschen zur Zeit der uneingeschränkten Herrschaft der religiösen Lehren im ganzen glücklicher waren als heute, sittlicher waren sie gewiß nicht. Sie haben es immer verstanden, die religiösen Vorschriften zu veräußerlichen und damit deren Absichten zu vereiteln. Die Priester, die den Gehorsam gegen die Religion zu bewachen hatten, kamen ihnen dabei entgegen. Gottes Güte mußte seiner Gerechtigkeit in den Arm fallen. Man sündigte und dann brachte man Opfer oder tat Buße und dann war man frei, um von neuem zu sündigen. Russische Innerlichkeit hat sich zur Folgerung aufgeschwungen, daß die Sünde unerläßlich sei, um alle Seligkeiten der göttlichen Gnade zu genießen, also im Grunde ein gottgefälliges Werk. Es ist offenkundig, daß die Priester die Unterwürfigkeit der Massen gegen die Religion nur erhalten konnten, indem sie der menschlichen Triebnatur so große Zugeständnisse einräumten. Es blieb dabei: Gott allein ist stark und gut, der Mensch aber schwach und sündhaft. Die Unsittlichkeit hat zu allen Zeiten an der Religion keine mindere Stütze gefunden als die Sittlichkeit. Wenn die Leistungen der Religion in bezug auf die Beglückung der Menschen, ihre Kultureignung und ihre sittliche Beschränkung keine besseren sind, dann erhebt sich doch die Frage, ob wir ihre Notwendigkeit für die Menschheit nicht überschätzen und ob wir weise daran tun, unsere Kulturforderungen auf sie zu gründen.

Man überlege die unverkennbare gegenwärtige Situation. Wir haben das Zugeständnis gehört, daß die Religion nicht mehr denselben Einfluß auf die Menschen hat wie früher. (Es handelt sich hier um die europäisch-christliche Kultur.) Dies nicht darum, weil ihre Versprechungen geringer geworden sind, sondern weil sie den Menschen weniger glaubwürdig erscheinen. Geben wir zu, daß der Grund dieser Wandlung die Erstarkung des wissenschaftlichen Geistes in den Oberschichten der menschlichen Gesellschaft ist. (Es ist vielleicht nicht der einzige.) Die Kritik hat die Beweiskraft der religiösen Dokumente angenagt, die Naturwissenschaft die in ihnen enthaltenen Irrtümer aufgezeigt, der vergleichenden Forschung ist die fatale Ähnlichkeit der von uns verehrten religiösen Vorstellungen mit den geistigen Produktionen primitiver Völker und Zeiten aufgefallen.

Der wissenschaftliche Geist erzeugt eine bestimmte Art, wie man sich zu den Dingen dieser Welt einstellt; vor den Dingen der Religion macht er eine Weile halt, zaudert, endlich tritt er auch hier über die Schwelle. In diesem Prozeß gibt es keine Aufhaltung, je mehr Menschen die Schätze unseres Wissens zugänglich werden, desto mehr verbreitet sich der Abfall vom religiösen Glauben, zuerst nur von den veralteten, anstößigen Einkleidungen desselben, dann aber auch von seinen fundamentalen Voraussetzungen. Die Amerikaner, die den Affenprozeß in Dayton aufgeführt, haben sich allein konsequent gezeigt. Der unvermeidliche Übergang vollzieht sich sonst über Halbheiten und Unaufrichtigkeiten.

Von den Gebildeten und geistigen Arbeitern ist für die Kultur wenig zu befürchten. Die Ersetzung der religiösen Motive für kulturelles Benehmen durch andere weltliche würde bei ihnen geräuschlos vor sich gehen, überdies sind sie zum guten Teil selbst Kulturträger. Anders steht es um die große Masse der Ungebildeten, Unterdrückten, die allen Grund haben, Feinde der Kultur zu sein. Solange sie nicht erfahren, daß man nicht mehr an Gott glaubt, ist es gut. Aber sie erfahren es, unfehlbar, auch wenn diese meine Schrift nicht veröffentlicht wird. Und sie sind bereit, die Resultate des wissenschaftlichen Denkens anzunehmen, ohne daß sich in ihnen die Veränderung eingestellt hätte, welche das wissenschaftliche Denken beim Menschen herbeiführt. Besteht da nicht die Gefahr, daß die Kulturfeindschaft dieser Massen sich auf den schwachen Punkt stürzen wird, den sie an ihrer Zwangsherrin erkannt haben? Wenn man seinen Nebenmenschen nur darum nicht erschlagen darf, weil der liebe Gott es verboten hat und es in diesem oder jenem Leben schwer ahnden wird, man erfährt aber, es gibt keinen lieben Gott, man braucht sich vor seiner Strafe nicht zu fürchten, dann erschlägt man ihn gewiß unbedenklich und kann nur durch irdische Gewalt davon abgehalten werden. Also entweder strengste Niederhaltung dieser gefährlichen Massen, sorgsamste Absperrung von allen Gelegenheiten zur geistigen Erweckung oder gründliche Revision der Beziehung zwischen Kultur und Religion.

VIII

Man sollte meinen, daß der Ausführung dieses letzteren Vorschlags keine besonderen Schwierigkeiten im Wege stehen. Es ist richtig, daß man dann auf etwas verzichtet, aber man gewinnt vielleicht mehr und vermeidet eine große Gefahr. Aber man schreckt sich davor, als ob man dadurch die Kultur einer noch größeren Gefahr aussetzen würde. Als Sankt Bonifazius den von den Sachsen als heilig verehrten Baum umhieb, erwarteten die Umstehenden ein fürchterliches Ereignis als Folge des Frevels. Es traf nicht ein und die Sachsen nahmen die Taufe an.

Wenn die Kultur das Gebot aufgestellt hat, den Nachbar nicht zu töten, den man haßt, der einem im Wege ist oder dessen Habe man begehrt, so geschah es offenbar im Interesse des menschlichen Zusammenlebens, das sonst undurchführbar wäre. Denn der Mörder würde die Rache der Angehörigen des Ermordeten auf sich ziehen und den dumpfen Neid der anderen, die ebensoviel innere Neigung zu solcher Gewalttat verspüren.

Er würde sich also seiner Rache oder seines Raubes nicht lange freuen, sondern hätte alle Aussicht, bald selbst erschlagen zu werden. Selbst wenn er sich durch außerordentliche Kraft und Vorsicht gegen den einzelnen Gegner schützen würde, müßte er einer Vereinigung von Schwächeren unterliegen. Käme eine solche Vereinigung nicht zustande, so würde sich das Morden endlos fortsetzen und das Ende wäre, daß die Menschen sich gegenseitig ausrotteten. Es wäre derselbe Zustand unter Einzelnen, der in Korsika noch unter Familien, sonst aber nur unter Nationen fortbesteht. Die für Alle gleiche Gefahr der Lebensunsicherheit einigt nun die Menschen zu einer Gesellschaft, welche dem Einzelnen das Töten verbietet und sich das Recht der gemeinsamen Tötung dessen vorbehält, der das Verbot übertritt. Dies ist dann Justiz und Strafe.

Diese rationelle Begründung des Verbots zu morden teilen wir aber nicht mit, sondern wir behaupten, Gott habe das Verbot erlassen. Wir getrauen uns also seine Absichten zu erraten und finden, auch er will nicht, daß die Menschen einander ausrotten. Indem wir so verfahren, umkleiden wir das Kulturverbot mit einer ganz besonderen Feierlichkeit, riskieren aber dabei, daß wir dessen Befolgung von dem Glauben an Gott abhängig machen. Wenn wir diesen Schritt zurücknehmen, unseren Willen nicht mehr Gott zuschieben und uns mit der sozialen Begründung begnügen, haben wir zwar auf jene Verklärung des Kulturverbots verzichtet, aber auch seine

Gefährdung vermieden. Wir gewinnen aber auch etwas anderes. Durch eine Art von Diffusion oder Infektion hat sich der Charakter der Heiligkeit, Unverletzlichkeit, der Jenseitigkeit möchte man sagen, von einigen wenigen großen Verboten auf alle weiteren kulturellen Einrichtungen, Gesetze und Verordnungen ausgebreitet. Diesen steht aber der Heiligenschein oft schlecht zu Gesicht; nicht nur, daß sie einander selbst entwerten, indem sie je nach Zeit und Örtlichkeit entgegengesetzte Entscheidungen treffen, sie tragen auch sonst alle Anzeichen menschlicher Unzulänglichkeit zur Schau. Man erkennt unter ihnen leicht, was nur Produkt einer kurzsichtigen Ängstlichkeit, Äußerung engherziger Interessen oder Folgerung aus unzureichenden Voraussetzungen sein kann. Die Kritik, die man an ihnen üben muß, setzt in unerwünschtem Maße auch den Respekt vor anderen, besser gerechtfertigten Kulturforderungen herab. Da es eine mißliche Aufgabe ist, zu scheiden, was Gott selbst gefordert hat und was sich eher von der Autorität eines allvermögenden Parlaments oder eines hohen Magistrats ableitet, wäre es ein unzweifelhafter Vorteil, Gott überhaupt aus dem Spiele zu lassen und ehrlich den rein menschlichen Ursprung aller kulturellen Einrichtungen und Vorschriften einzugestehen. Mit der beanspruchten Heiligkeit würde auch die Starrheit und Unwandelbarkeit dieser Gebote und Gesetze fallen. Die Menschen könnten verstehen, daß diese geschaffen sind, nicht so sehr um sie zu beherrschen, sondern vielmehr um ihren Interessen zu dienen, sie würden ein freundlicheres Verhältnis zu ihnen gewinnen, sich anstatt ihrer Abschaffung nur ihre Verbesserung zum Ziel setzen. Dies wäre ein wichtiger Fortschritt auf dem Wege, der zur Versöhnung mit dem Druck der Kultur führt.

Unser Plaidoyer für eine rein rationelle Begründung der Kulturvorschriften, also für ihre Zurückführung auf soziale Notwendigkeit, wird aber hier plötzlich durch ein Bedenken unterbrochen. Wir haben die Entstehung des Mordverbots zum Beispiel gewählt. Entspricht denn unsere Darstellung davon der historischen Wahrheit? Wir fürchten nein, sie scheint nur eine rationalistische Konstruktion zu sein. Wir haben gerade dieses Stück menschlicher Kulturgeschichte mit Hilfe der Psychoanalyse studiert, und auf diese Bemühung gestützt, müssen wir sagen, in Wirklichkeit war es anders. Rein vernünftige Motive richten noch beim heutigen Menschen wenig gegen leidenschaftliche Antriebe aus; um wieviel ohnmächtiger müssen sie bei jenem Menschentier der Urzeit gewesen sein! Vielleicht würden sich dessen Nachkommen noch heute hemmungslos, einer den andern, erschlagen, wenn unter jenen Mordtaten nicht eine gewesen wäre, der Totschlag des primitiven Vaters, die eine unwiderstehliche, folgenschwere Gefühlsreaktion heraufbeschworen hätte. Von dieser stammt das Gebot: du sollst nicht töten, das im Totemismus auf den Vaterersatz beschränkt war, später auf andere ausgedehnt wurde, noch heute nicht ausnahmslos durchgeführt ist.

Aber jener Urvater ist nach Ausführungen, die ich hier nicht zu wiederholen brauche, das Urbild Gottes gewesen, das Modell, nach dem spätere Generationen die Gottesgestalt gebildet haben. Somit hat die religiöse Darstellung recht, Gott war wirklich an der Entstehung jenes Verbots beteiligt, sein Einfluß, nicht die Einsicht in die soziale Notwendigkeit hat es geschaffen. Und die Verschiebung des menschlichen Willens auf Gott ist vollberechtigt, die Menschen wußten ja, daß sie den Vater gewalttätig beseitigt hatten und in der Reaktion auf ihre Freveltat setzten sie sich vor, seinen Willen fortan zu respektieren. Die religiöse Lehre teilt uns also die historische Wahrheit mit, freilich in einer gewissen Umformung und Verkleidung; unsere rationelle Darstellung verleugnet sie.

Wir bemerken jetzt, daß der Schatz der religiösen Vorstellungen nicht allein Wunscherfüllungen enthält, sondern auch bedeutsame historische Reminiszenzen. Dies Zusammenwirken von Vergangenheit und Zukunft, welch unvergleichliche Machtfülle muß es der Religion verleihen! Aber vielleicht dämmert uns mit Hilfe einer Analogie auch schon eine andere Einsicht. Es ist nicht gut, Begriffe weit weg von dem Boden zu versetzen, auf dem sie erwachsen sind, aber wir müssen der Übereinstimmung Ausdruck geben. Über das Menschenkind wissen wir, daß es seine Entwicklung zur Kultur nicht gut durchmachen kann, ohne durch eine bald mehr, bald minder deutliche Phase von Neurose zu passieren. Das kommt daher, daß das Kind so viele der für später unbrauchbaren Triebansprüche nicht durch rationelle Geistesarbeit unterdrücken kann, sondern durch Verdrängungsakte bändigen muß, hinter denen in der Regel ein Angstmotiv steht. Die meisten dieser Kinderneurosen werden während des Wachstums spontan überwunden, besonders die Zwangsneurosen der Kindheit haben dies Schicksal. Mit dem Rest soll auch noch später die psychoanalytische Behandlung aufräumen. In ganz ähnlicher Weise hätte man anzunehmen, daß die Menschheit als Ganzes in ihrer säkularen Entwicklung in Zustände gerät, welche den Neurosen analog sind, und zwar aus denselben Gründen, weil sie in den Zeiten ihrer Unwissenheit und intellektuellen Schwäche die für das menschliche Zusammenleben unerläßlichen Triebverzichte nur durch rein affektive Kräfte zustande gebracht hat. Die Niederschläge der in der Vorzeit vorgefallenen verdrängungsähnlichen Vorgänge hafteten der Kultur dann noch lange an. Die Religion wäre die allgemein menschliche Zwangsneurose, wie die des Kindes stammte sie aus dem Ödipuskomplex, der Vaterbeziehung. Nach dieser Auffassung wäre vorauszusehen, daß sich die Abwendung von der Religion mit der schicksalsmäßigen Unerbittlichkeit eines Wachstumsvorganges vollziehen muß, und daß wir uns gerade jetzt mitten in dieser Entwicklungsphase befinden.

Unser Verhalten sollte sich dann nach dem Vorbild eines verständigen Erziehers richten, der sich einer bevorstehenden Neugestaltung nicht widersetzt, sondern sie zu fördern und die Gewaltsamkeit ihres Durchbruchs einzudämmen sucht. Das Wesen der Religion ist mit dieser Analogie allerdings nicht erschöpft. Bringt sie einerseits Zwangseinschränkungen, wie nur eine individuelle Zwangsneurose, so enthält sie anderseits ein System von Wunschillusionen mit Verleugnung der Wirklichkeit, wie wir es isoliert nur bei einer Amentia, einer glückseligen halluzinatorischen Verworrenheit, finden. Es sind eben nur Vergleichungen, mit denen wir uns um das Verständnis des sozialen Phänomens bemühen, die Individualpathologie gibt uns kein vollwertiges Gegenstück dazu.

Es ist wiederholt darauf hingewiesen worden (von mir und besonders von Th. Reik), bis in welche Einzelheiten sich die Analogie der Religion mit einer Zwangsneurose verfolgen, wieviel von den Sonderheiten und den Schicksalen der Religionsbildung sich auf diesem Wege verstehen läßt. Es stimmt dazu auch gut, daß der Frommgläubige in hohem Grade gegen die Gefahr gewisser neurotischer Erkrankungen geschützt ist; die Annahme der allgemeinen Neurose überhebt ihn der Aufgabe, eine persönliche Neurose auszubilden.

Die Erkenntnis des historischen Werts gewisser religiöser Lehren steigert unseren Respekt vor ihnen, macht aber unseren Vorschlag, sie aus der Motivierung der kulturellen Vorschriften zurückzuziehen, nicht wertlos. Im Gegenteil! Mit Hilfe dieser historischen Reste hat sich uns die Auffassung der religiösen Lehrsätze als gleichsam neurotischer Relikte ergeben und nun dürfen wir sagen, es ist wahrscheinlich an der Zeit, wie in der analytischen Behandlung des Neurotikers die Erfolge der Verdrängung durch die Ergebnisse der rationellen Geistesarbeit zu ersetzen. Daß es bei dieser Umarbeitung nicht beim Verzicht auf die feierliche Verklärung der kulturellen Vorschriften bleiben wird, daß eine allgemeine Revision derselben für viele die Aufhebung zur Folge haben muß, ist vorauszusehen, aber kaum zu bedauern. Die uns gestellte Aufgabe der Versöhnung der Menschen mit der Kultur wird auf diesem Wege weitgehend gelöst werden. Um den Verzicht auf die historische Wahrheit bei rationeller Motivierung der Kulturvorschriften darf es uns nicht leid tun. Die Wahrheiten, welche die religiösen Lehren enthalten, sind doch so entstellt und systematisch verkleidet, daß die Masse der Menschen sie nicht als Wahrheit erkennen kann. Es ist ein ähnlicher Fall, wie wenn wir dem Kind erzählen, daß der Storch die Neugebornen bringt. Auch damit sagen wir die Wahrheit in symbolischer Verhüllung, denn wir wissen, was der große Vogel bedeutet. Aber das Kind weiß es nicht, es hört nur den Anteil der Entstellung heraus, hält sich für betrogen, und wir wissen, wie oft sein Mißtrauen gegen die Erwachsenen und seine Widersetzlichkeit gerade an diesen Eindruck anknüpft. Wir sind zur Überzeugung gekommen, daß es besser ist, die Mitteilung solcher symbolischer Verschleierungen der Wahrheit zu unterlassen und dem Kind die Kenntnis der realen Verhältnisse in Anpassung an seine intellektuelle Stufe nicht zu versagen.

IX

»Sie gestatten sich Widersprüche, die schwer miteinander zu vereinbaren sind. Zuerst behaupten Sie, eine Schrift wie die Ihrige sei ganz ungefährlich. Niemand werde sich durch solche Erörterungen seinen religiösen Glauben rauben lassen. Da es aber doch Ihre Absicht ist, diesen Glauben zu stören, wie sich später herausstellt, darf man fragen: warum veröffentlichen Sie sie eigentlich? An einer anderen Stelle geben Sie aber doch zu, daß es gefährlich, ja sogar sehr gefährlich werden kann, wenn jemand erfährt, daß man nicht mehr an Gott glaubt. Er war bis dahin gefügig und nun wirft er den Gehorsam gegen die Kulturvorschriften beiseite. Ihr ganzes Argument, daß die religiöse Motivierung der Kulturgebote eine Gefahr für die Kultur bedeute, ruht ja auf der Annahme, daß der Gläubige zum Ungläubigen gemacht werden kann, das ist doch ein voller Widerspruch.«

»Ein anderer Widerspruch ist, wenn Sie einerseits zugeben, der Mensch sei durch Intelligenz nicht zu lenken, er werde durch seine Leidenschaften und Triebansprüche beherrscht, anderseits aber den Vorschlag machen, die affektiven Grundlagen seines Kulturgehorsams durch rationelle zu ersetzen. Das verstehe wer kann. Mir scheint es entweder das eine oder das andere.«

»Übrigens, haben Sie nichts aus der Geschichte gelernt? Ein solcher Versuch, die Religion durch die Vernunft ablösen zu lassen, ist ja schon einmal gemacht worden, offiziell und in großem Stil. Sie erinnern sich doch an die französische Revolution und Robespierre? Aber auch an die Kurzlebigkeit und klägliche Erfolglosigkeit des Experiments. Es wird jetzt in Rußland wiederholt, wir brauchen nicht neugierig zu sein, wie es ausgehen wird. Meinen Sie nicht, daß wir annehmen dürfen, der Mensch kann die Religion nicht entbehren?«

»Sie haben selbst gesagt, die Religion ist mehr als eine Zwangsneurose. Aber von dieser ihrer anderen Seite haben Sie nicht gehandelt. Es genügt Ihnen, die Analogie mit der Neurose durchzuführen. Von einer Neurose muß man die Menschen befreien. Was dabei sonst verloren geht, kümmert Sie nicht.«

Der Anschein des Widerspruchs ist wahrscheinlich entstanden, weil ich komplizierte Dinge zu eilig behandelt habe. Einiges können wir nachholen. Ich behaupte noch immer, daß meine Schrift in einer Hinsicht ganz ungefährlich ist. Kein Glaubender wird sich durch diese oder ähnliche Argumente in seinem Glauben beirren lassen. Ein Glaubender hat bestimmte zärtliche Bindungen an die Inhalte der Religion. Es gibt gewiß ungezählt viele Andere, die nicht in demselben Sinne gläubig sind. Sie sind den Kulturvorschriften gehorsam, weil sie sich durch die Drohungen der Religion einschüchtern lassen, und sie fürchten die Religion, solange sie dieselbe für ein Stück der sie einschränkenden Realität halten müssen. Diese sind es, die losbrechen, sobald sie den Glauben an ihren Realitätswert aufgeben dürfen, aber auch darauf haben Argumente keinen Einfluß. Sie hören auf, die Religion zu fürchten, wenn sie merken, daß auch andere sie nicht fürchten, und von ihnen habe ich behauptet, daß sie vom Niedergang des religiösen Einflusses erfahren würden, auch wenn ich meine Schrift nicht publizierte.

Ich glaube aber, Sie legen selbst mehr Wert auf den anderen Widerspruch, den Sie mir vorhalten. Die Menschen sind Vernunftgründen so wenig zugänglich, werden ganz von ihren Triebwünschen beherrscht. Warum soll man also ihnen eine Triebbefriedigung wegnehmen und durch Vernunftgründe ersetzen wollen? Freilich sind die Menschen so, aber haben Sie sich gefragt, ob sie so sein müssen, ob ihre innerste Natur sie dazu nötigt? Kann der Anthropologe den Schädelindex eines Volkes angeben, das die Sitte pflegt, die Köpfchen seiner Kinder von früh an durch Bandagen zu deformieren? Denken

Sie an den betrübenden Kontrast zwischen der strahlenden Intelligenz eines gesunden Kindes und der Denkschwäche des durchschnittlichen Erwachsenen. Wäre es so ganz unmöglich, daß gerade die religiöse Erziehung ein großes Teil Schuld an dieser relativen Verkümmerung trägt? Ich meine, es würde sehr lange dauern, bis ein nicht beeinflußtes Kind anfinge, sich Gedanken über Gott und die Dinge jenseits dieser Welt zu machen. Vielleicht würden diese Gedanken dann dieselben Wege einschlagen, die sie bei seinen Urahnen gegangen sind, aber man wartet diese Entwicklung nicht ab, man führt ihm die religiösen Lehren zu einer Zeit zu, da es weder Interesse für sie noch die Fähigkeit hat, ihre Tragweite zu begreifen. Verzögerung der sexuellen Entwicklung und Verfrühung des religiösen Einflusses, das sind doch die beiden Hauptpunkte im Programm der heutigen Pädagogik, nicht wahr? Wenn dann das Denken des Kindes erwacht, sind die religiösen Lehren bereits unangreifbar geworden. Meinen Sie aber, daß es für die Erstarkung der Denkfunktion sehr förderlich ist, wenn ihr ein so bedeutsames Gebiet durch die Androhung der Höllenstrafen verschlossen wird? Wer sich einmal dazu gebracht hat, alle die Absurditäten, die die religiösen Lehren ihm zutragen, ohne Kritik hinzunehmen, und selbst die Widersprüche zwischen ihnen zu übersehen, dessen Denkschwäche braucht uns nicht arg zu verwundern. Nun haben wir aber kein anderes Mittel zur Beherrschung unserer Triebhaftigkeit als unsere Intelligenz. Wie kann man von Personen, die unter der Herrschaft von Denkverboten stehen, erwarten, daß sie das psychologische Ideal, den Primat der Intelligenz, erreichen werden? Sie wissen auch, daß man den Frauen im allgemeinen den sogenannten »physiologischen Schwachsinn« nachsagt, d. h. eine geringere Intelligenz als die des Mannes. Die Tatsache selbst ist strittig, ihre Auslegung zweifelhaft, aber ein Argument für die sekundäre Natur dieser intellektuellen Verkümmerung lautet, die Frauen litten unter der Härte des frühen Verbots, ihr Denken an das zu wenden, was sie am meisten interessiert hätte, nämlich an die Probleme des Geschlechtslebens. Solange außer der sexuellen Denkhemmung die religiöse und die von ihr abgeleitete loyale auf die frühen Jahre des Menschen einwirken, können wir wirklich nicht sagen, wie er eigentlich ist.

Aber ich will meinen Eifer ermäßigen und die Möglichkeit zugestehen, daß auch ich einer Illusion nachjage. Vielleicht ist die Wirkung des religiösen Denkverbots nicht so arg wie ich's annehme, vielleicht stellt es sich heraus, daß die menschliche Natur dieselbe bleibt, auch wenn man die Erziehung nicht zur Unterwerfung unter die Religion mißbraucht. Ich weiß es nicht und Sie können es auch nicht wissen. Nicht nur die großen Probleme dieses Lebens scheinen derzeit unlösbar, sondern auch viele geringere Fragen sind schwer zu entscheiden.

Aber gestehen Sie mir zu, daß hier eine Berechtigung für eine Zukunftshoffnung vorhanden ist, daß vielleicht ein Schatz zu heben ist, der die Kultur bereichern kann, daß es sich der Mühe lohnt, den Versuch einer irreligiösen Erziehung zu unternehmen. Fällt er unbefriedigend aus, so bin ich bereit, die Reform aufzugeben und zum früheren, rein deskriptiven Urteil zurückzukehren: der Mensch ist ein Wesen von schwacher Intelligenz, das von seinen Triebwünschen beherrscht wird.

In einem anderen Punkte stimme ich Ihnen ohne Rückhalt bei. Es ist gewiß ein unsinniges Beginnen, die Religion gewaltsam und mit einem Schlage aufheben zu wollen. Vor allem darum, weil es aussichtslos ist. Der Gläubige läßt sich seinen Glauben nicht entreißen, nicht durch Argumente und nicht durch Verbote. Gelänge es aber bei einigen, so wäre es eine Grausamkeit. Wer durch Dezennien Schlafmittel genommen hat, kann natürlich nicht schlafen, wenn man ihm das Mittel entzieht. Daß die Wirkung der religiösen Tröstungen der eines Narkotikums gleichgesetzt werden darf, wird durch einen Vorgang in Amerika hübsch erläutert. Dort will man jetzt den Menschen — offenbar unter dem Einfluß der Frauenherrschaft — alle Reiz-, Rausch- und Genußmittel entziehen und übersättigt sie zur Entschädigung mit Gottesfurcht. Auch auf den Ausgang dieses Experiments braucht man nicht neugierig zu sein.

Ich widerspreche Ihnen also, wenn Sie weiter folgern,

daß der Mensch überhaupt den Trost der religiösen Illusion nicht entbehren kann, daß er ohne sie die Schwere des Lebens, die grausame Wirklichkeit, nicht ertragen würde. Ja, der Mensch nicht, dem Sie das süße — oder bittersüße — Gift von Kindheit an eingeflößt haben. Aber der andere, der nüchtern aufgezogen wurde? Vielleicht braucht der, der nicht an der Neurose leidet, auch keine Intoxikation, um sie zu betäuben. Gewiß wird der Mensch sich dann in einer schwierigen Situation befinden, er wird sich seine ganze Hilflosigkeit, seine Geringfügigkeit im Getriebe der Welt eingestehen müssen, nicht mehr der Mittelpunkt der Schöpfung, nicht mehr das Objekt zärtlicher Fürsorge einer gütigen Vorsehung. Er wird in derselben Lage sein wie das Kind, welches das Vaterhaus verlassen hat, in dem es ihm so warm und behaglich war. Aber nicht wahr, der Infantilismus ist dazu bestimmt, überwunden zu werden? Der Mensch kann nicht ewig Kind bleiben, er muß endlich hinaus, ins »feindliche Leben«. Man darf das »die Erziehung zur Realität« heißen, brauche ich Ihnen noch zu verraten, daß es die einzige Absicht meiner Schrift ist, auf die Notwendigkeit dieses Fortschritts aufmerksam zu machen?

Sie fürchten wahrscheinlich, er wird die schwere Probe nicht bestehen? Nun, lassen Sie uns immerhin hoffen. Es macht schon etwas aus, wenn man weiß, daß man auf seine eigene Kraft angewiesen ist. Man lernt dann, sie richtig zu gebrauchen. Ganz ohne Hilfsmittel ist der Mensch nicht, seine Wissenschaft hat ihn seit den Zeiten des Diluviums viel gelehrt und wird seine Macht noch weiter vergrößern. Und was die großen Schicksalsnotwendigkeiten betrifft, gegen die es eine Abhilfe nicht gibt, die wird er eben mit Ergebung ertragen lernen. Was soll ihm die Vorspiegelung eines Großgrundbesitzes auf dem Mond, von dessen Ertrag doch noch nie jemand etwas gesehen hat? Als ehrlicher Kleinbauer auf dieser Erde wird er seine Scholle zu bearbeiten wissen, so daß sie ihn nährt. Dadurch, daß er seine Erwartungen vom Jenseits abzieht und alle freigewordenen Kräfte auf das irdische Leben konzentriert, wird er wahrscheinlich erreichen können, daß das Leben für alle erträglich wird und die Kultur keinen mehr erdrückt. Dann wird er ohne Bedauern mit einem unserer Unglaubensgenossen sagen dürfen:

> Den Himmel überlassen wir
> Den Engeln und den Spatzen.

X

»Das klingt ja großartig. Eine Menschheit, die auf alle Illusionen verzichtet hat und dadurch fähig geworden ist, sich auf der Erde erträglich einzurichten! Ich aber kann Ihre Erwartungen nicht teilen. Nicht darum, weil ich der hartnäckige Reaktionär wäre, für den Sie mich vielleicht halten. Nein, aus Besonnenheit. Ich glaube, wir haben nun die Rollen getauscht; Sie zeigen sich als der Schwärmer, der sich von Illusionen fortreißen läßt, und ich vertrete den Anspruch der Vernunft, das Recht der Skepsis. Was Sie da aufgeführt haben, scheint mir auf Irrtümern aufgebaut, die ich nach Ihrem Vorgang Illusionen heißen darf, weil sie deutlich genug den Einfluß Ihrer Wünsche verraten. Sie setzen Ihre Hoffnung darauf, daß Generationen, die nicht in früher Kindheit den Einfluß der religiösen Lehren erfahren haben, leicht den ersehnten Primat der Intelligenz über das Triebleben erreichen werden. Das ist wohl eine Illusion; in diesem entscheidenden Punkt wird sich die menschliche Natur kaum ändern. Wenn ich nicht irre, — man weiß so wenig von anderen Kulturen, — gibt es auch heute Völker, die nicht unter dem Druck eines religiösen Systems aufwachsen, und sie kommen Ihrem Ideal nicht näher als andere. Wenn Sie aus unserer europäischen Kultur die Religion wegschaffen wollen, so kann es nur durch ein anderes System von Lehren geschehen, und dies würde von Anfang an alle psychologischen Charaktere der Religion übernehmen, dieselbe Heiligkeit, Starrheit, Unduldsamkeit, dasselbe Denkverbot zu seiner Verteidigung. Irgend etwas dieser Art müssen Sie haben, um den Anforderungen der Erziehung gerecht zu werden. Auf die Erziehung können Sie aber nicht verzichten. Der Weg vom Säugling zum Kulturmenschen ist weit, zu viele Menschlein würden sich auf ihm verirren und nicht rechtzeitig zu ihren Lebensaufgaben kommen, wenn sie ohne Leitung der eigenen Entwicklung überlassen werden. Die Lehren, die in ihrer Erziehung angewendet wurden, werden dem Denken ihrer reiferen Jahre immer Schranken setzen, genau so wie Sie es heute der Religion zum Vorwurf machen. Merken Sie nicht, daß es der untilgbare Geburtsfehler unserer, jeder, Kultur ist, daß sie dem triebhaften und denkschwachen Kinde auferlegt, Entscheidungen zu treffen, die nur die gereifte Intelligenz des Erwachsenen rechtfertigen kann? Sie kann aber nicht anders, infolge der Zusammendrängung der säkularen Menschheitsentwicklung auf ein paar Kindheitsjahre, und das Kind kann nur durch affektive Mächte zur Bewältigung der ihm gestellten Aufgabe veranlaßt werden. Das sind also die Aussichten für Ihren ,Primat des Intellekts'.«

»Nun sollen Sie sich nicht verwundern, wenn ich für die Beibehaltung des religiösen Lehrsystems als Grundlage der Erziehung und des menschlichen Zusammenlebens eintrete. Es ist ein praktisches Problem, nicht eine Frage des Realitätswerts. Da wir im Interesse der Erhaltung unserer Kultur mit der Beeinflussung des Einzelnen nicht warten können, bis er kulturreif geworden ist, — viele würden es überhaupt niemals werden, — da wir genötigt sind, dem Heranwachsenden irgendein System von Lehren aufzudrängen, das bei ihm als der Kritik entzogene Voraussetzung wirken soll, erscheint mir das religiöse System dazu als das weitaus geeignetste. Natürlich gerade wegen seiner wunscherfüllenden und tröstenden Kraft, an der Sie die ,Illusion' erkannt haben wollen. Angesichts der Schwierigkeiten, etwas von der Realität zu erkennen, ja der Zweifel, ob dies uns überhaupt möglich ist, wollen wir doch nicht übersehen, daß auch die menschlichen Bedürfnisse ein Stück der Realität sind, und zwar ein wichtiges, eines, das uns besonders nahe angeht.«

»Einen anderen Vorzug der religiösen Lehre finde ich in einer ihrer Eigentümlichkeiten, an der Sie besonderen Anstoß zu nehmen scheinen. Sie gestattet eine begriffliche Läuterung und Sublimierung, in welcher das meiste abgestreift werden kann, das die Spur primitiven und infantilen Denkens an sich trägt. Was dann erübrigt, ist ein Gehalt von Ideen, denen die Wissenschaft nicht mehr widerspricht und die diese auch nicht widerlegen kann. Diese Umbildungen der religiösen Lehre, die Sie als Halbheiten und Kompromisse verurteilt haben, machen es möglich, den Riß zwischen der ungebildeten Masse und dem philosophischen Denker zu vermeiden, erhalten die Gemeinsamkeit unter ihnen, die für die Sicherung der Kultur so wichtig ist. Es ist dann nicht zu befürchten, der Mann aus dem Volk werde erfahren, daß die Oberschichten der Gesellschaft ‚nicht mehr an Gott glauben'. Nun glaube ich gezeigt zu haben, daß Ihre Bemühung sich auf den Versuch reduziert, eine erprobte und affektiv wertvolle Illusion durch eine andere, unerprobt und indifferent, zu ersetzen.«

Sie sollen mich nicht für Ihre Kritik unzugänglich finden. Ich weiß, wie schwer es ist, Illusionen zu vermeiden; vielleicht sind auch die Hoffnungen, zu denen ich mich bekannt, illusorischer Natur. Aber einen Unterschied halte ich fest. Meine Illusionen — abgesehen davon, daß keine Strafe darauf steht, sie nicht zu teilen — sind nicht unkorrigierbar wie die religiösen, haben nicht den wahnhaften Charakter. Wenn die Erfahrung — nicht mir, sondern anderen nach mir, die ebenso denken — zeigen sollte, daß wir uns geirrt haben, so werden wir auf unsere Erwartungen verzichten. Nehmen Sie doch meinen Versuch für das, was er ist. Ein Psychologe, der sich nicht darüber täuscht, wie schwer es ist, sich in dieser Welt zurechtzufinden, bemüht sich, die Entwicklung der Menschheit nach dem bißchen Einsicht zu beurteilen, das er sich durch das Studium der seelischen Vorgänge beim Einzelmenschen während dessen Entwicklung vom Kind zum Erwachsenen erworben hat. Dabei drängt sich ihm die Auffassung auf, daß die Religion einer Kindheitsneurose vergleichbar sei, und er ist optimistisch genug anzunehmen, daß die Menschheit diese neurotische Phase überwinden wird, wie so viele Kinder ihre ähnliche Neurose auswachsen. Diese Einsichten aus der Individualpsychologie mögen ungenügend sein, die Übertragung auf das Menschengeschlecht nicht gerechtfertigt, der Optimismus unbegründet; ich gebe Ihnen alle diese Unsicherheiten zu. Aber man kann sich oft nicht abhalten zu sagen, was man meint, und entschuldigt sich damit, daß man es nicht für mehr ausgibt, als es wert ist.

Und bei zwei Punkten muß ich noch verweilen. Erstens, die Schwäche meiner Position bedeutet keine Stärkung der Ihrigen. Ich meine, Sie verteidigen eine verlorene Sache. Wir mögen noch so oft betonen, der menschliche Intellekt sei kraftlos im Vergleich zum menschlichen Triebleben, und Recht damit haben. Aber es ist doch etwas Besonderes um diese Schwäche; die

Stimme des Intellekts ist leise, aber sie ruht nicht, ehe sie sich Gehör geschafft hat. Am Ende, nach unzählig oft wiederholten Abweisungen, findet sie es doch. Dies ist einer der wenigen Punkte, in denen man für die Zukunft der Menschheit optimistisch sein darf, aber er bedeutet an sich nicht wenig. An ihn kann man noch andere Hoffnungen anknüpfen. Der Primat des Intellekts liegt gewiß in weiter, weiter, aber wahrscheinlich doch nicht in unendlicher Ferne. Und da er sich voraussichtlich dieselben Ziele setzen wird, deren Verwirklichung Sie von Ihrem Gott erwarten — in menschlicher Ermäßigung natürlich, soweit die äußere Realität, die Ἀνάγκη, es gestattet —: die Menschenliebe und die Einschränkung des Leidens, dürfen wir uns sagen, daß unsere Gegnerschaft nur eine einstweilige ist, keine unversöhnliche. Wir erhoffen dasselbe, aber Sie sind ungeduldiger, anspruchsvoller und — warum soll ich es nicht sagen? — selbstsüchtiger als ich und die Meinigen. Sie wollen die Seligkeit gleich nach dem Tod beginnen lassen, verlangen von ihr das Unmögliche und wollen den Anspruch der Einzelperson nicht aufgeben. Unser Gott Λόγος[1] wird von diesen Wünschen verwirklichen, was die Natur außer uns gestattet, aber sehr allmählich, erst in unabsehbarer Zukunft und für neue Menschenkinder. Eine Entschädigung für uns, die wir

---

1) Das Götterpaar Λόγος-Ἀνάγκη des Holländers Multatuli.

schwer am Leben leiden, verspricht er nicht. Auf dem Wege zu diesem fernen Ziel müssen Ihre religiösen Lehren fallen gelassen werden, gleichgültig ob die ersten Versuche mißlingen, gleichgültig ob sich die ersten Ersatzbildungen als haltlos erweisen. Sie wissen warum; auf die Dauer kann der Vernunft und der Erfahrung nichts widerstehen, und der Widerspruch der Religion gegen beide ist allzu greifbar. Auch die geläuterten religiösen Ideen können sich diesem Schicksal nicht entziehen, solange sie noch etwas vom Trostgehalt der Religion retten wollen. Freilich, wenn sie sich auf die Behauptung eines höheren geistigen Wesens einschränken, dessen Eigenschaften unbestimmbar, dessen Absichten unerkennbar sind, dann sind sie gegen den Einspruch der Wissenschaft gefeit, dann werden sie aber auch vom Interesse der Menschen verlassen.

Und zweitens: Beachten Sie die Verschiedenheit Ihres und meines Verhaltens gegen die Illusion. Sie müssen die religiöse Illusion mit allen Ihren Kräften verteidigen; wenn sie entwertet wird, — und sie ist wahrlich bedroht genug, — dann stürzt Ihre Welt zusammen, es bleibt Ihnen nichts übrig, als an allem zu verzweifeln, an der Kultur und an der Zukunft der Menschheit. Von dieser Leibeigenschaft bin ich, sind wir frei. Da wir bereit sind, auf ein gutes Stück unserer infantilen Wünsche zu verzichten, können wir es vertragen, wenn sich einige unserer Erwartungen als Illusionen herausstellen.

Die vom Druck der religiösen Lehren befreite Erziehung wird vielleicht nicht viel am psychologischen Wesen des Menschen ändern, unser Gott Λόγος ist vielleicht nicht sehr allmächtig, kann nur einen kleinen Teil von dem erfüllen, was seine Vorgänger versprochen haben. Wenn wir es einsehen müssen, werden wir es in Ergebung hinnehmen. Das Interesse an Welt und Leben werden wir darum nicht verlieren, denn wir haben an einer Stelle einen sicheren Anhalt, der Ihnen fehlt. Wir glauben daran, daß es der wissenschaftlichen Arbeit möglich ist, etwas über die Realität der Welt zu erfahren, wodurch wir unsere Macht steigern und wonach wir unser Leben einrichten können. Wenn dieser Glaube eine Illusion ist, dann sind wir in derselben Lage wie Sie, aber die Wissenschaft hat uns durch zahlreiche und bedeutsame Erfolge den Beweis erbracht, daß sie keine Illusion ist. Sie hat viele offene und noch mehr verkappte Feinde unter denen, die ihr nicht verzeihen können, daß sie den religiösen Glauben entkräftet hat und ihn zu stürzen droht. Man wirft ihr vor, wie wenig sie uns gelehrt und wie unvergleichlich mehr sie im Dunkel gelassen hat. Aber dabei vergißt man, wie jung sie ist, wie beschwerlich ihre Anfänge waren und wie verschwindend klein der Zeitraum, seitdem der menschliche Intellekt für ihre Aufgaben erstarkt ist. Fehlen wir nicht alle darin, daß wir unseren Urteilen zu kurze Zeiträume zugrunde legen? Wir sollten uns an den Geologen ein Beispiel nehmen. Man beklagt sich über die Unsicherheit der Wissenschaft, daß sie heute als Gesetz verkündet, was die nächste Generation als Irrtum erkennt und durch ein neues Gesetz von ebenso kurzer Geltungsdauer ablöst. Aber das ist ungerecht und zum Teil unwahr. Die Wandlungen der wissenschaftlichen Meinungen sind Entwicklung, Fortschritt und nicht Umsturz. Ein Gesetz, das man zunächst für unbedingt gültig gehalten hat, erweist sich als Spezialfall einer umfassenderen Gesetzmäßigkeit oder wird eingeschränkt durch ein anderes Gesetz, das man erst später kennen lernt; eine rohe Annäherung an die Wahrheit wird ersetzt durch eine sorgfältiger angepaßte, die ihrerseits wieder eine weitere Vervollkommnung erwartet. Auf verschiedenen Gebieten hat man eine Phase der Forschung noch nicht überwunden, in der man Annahmen versucht, die man bald als unzulänglich verwerfen muß; auf anderen gibt es aber bereits einen gesicherten und fast unveränderlichen Kern von Erkenntnis. Man hat endlich versucht, die wissenschaftliche Bemühung radikal zu entwerten durch die Erwägung, daß sie, an die Bedingungen unserer eigenen Organisation gebunden, nichts anderes als subjektive Ergebnisse liefern kann, während ihr die wirkliche Natur der Dinge außer uns unzugänglich bleibt. Dabei setzt man sich über einige Momente hinweg, die für die Auffassung der wissenschaftlichen Arbeit entscheidend sind, daß unsere Organisation, d. h. unser seelischer Apparat, eben im Bemühen um die Erkundung der Außenwelt entwickelt worden ist, also ein Stück Zweckmäßigkeit in seiner Struktur realisiert haben muß, daß er selbst ein Bestandteil jener Welt ist, die wir erforschen sollen, und daß er solche Erforschung sehr wohl zuläßt, daß die Aufgabe der Wissenschaft voll umschrieben ist, wenn wir sie darauf einschränken zu zeigen, wie uns die Welt infolge der Eigenart unserer Organisation erscheinen muß, daß die endlichen Resultate der Wissenschaft gerade wegen der Art ihrer Erwerbung nicht nur durch unsere Organisation bedingt sind, sondern auch durch das, was auf diese Organisation gewirkt hat, und endlich, daß das Problem einer Weltbeschaffenheit ohne Rücksicht auf unseren wahrnehmenden seelischen Apparat eine leere Abstraktion ist, ohne praktisches Interesse.

Nein, unsere Wissenschaft ist keine Illusion. Eine Illusion aber wäre es zu glauben, daß wir anderswoher bekommen könnten, was sie uns nicht geben kann.

ZUR PSYCHOANALYSE

SIGM. FREUD: Totem und Tabu. Einige Übereinstimmungen im Seelenleben der Wilden und der Neurotiker. *Geheftet M 5.—, Halbleinen M 6.—.*

Inhalt: Vorwort — I) Die Inzestscheu — II) Das Tabu und die Ambivalenz der Gefühlsregungen — III) Animismus, Magie und Allmacht der Gedanken — IV) Die infantile Wiederkehr des Totemismus.

Diese wundervolle Untersuchung dringt bis zu den Ursprüngen der religiösen und sozialen Beschränkungen vor. Die Ergebnisse stürzen in der Tat die alte Psychologie vollkommen um. *(The New York Times.)*

SIGM. FREUD: Massenpsychologie und Ich-Analyse. *M 3.50.*

Reich an Ideen, fesselnd und anregend zugleich; hat die Massenpsychologie durch eine vertiefte Problemstellung bereichert und auf neue Bahnen geführt. *(Kölner Vierteljahrsschr. f. Sozialwiss.)* — Die Vorzüge Freudscher Darstellungsweise durchdringen auch dieses gedanklich bedeutsame Buch. *(Zeitschrift für Sexualwissenschaft.)*

SIGM. FREUD: Eine Teufelsneurose im 17. Jahrhundert. *M 1.80.*

Wie man ein religiöses Schicksal psychoanalytisch auffassen kann, ohne platt, trivial, unehrfürchtig zu werden: dafür ist das Schriftchen ein feinsinniges Beispiel. Die Grazie der Darstellung bietet überdies einen literarischen Genuß. *(Archiv für Frauenkunde.)*

HANS ZULLIGER: Zur Psychologie der Trauer- und Bestattungsgebräuche. *M 2.—.*

Inhalt: I) Eine Schulkameradin ist gestorben — II) Über Speiseverbote und Fastengebräuche — III) Begräbnisgebräuche.

C. D. DALY: Hindu-Mythologie und Kastrationskomplex. *Geheftet M 2.80, Ganzleinen M 4.20.*

Inhalt: I) Psychologie der Hindu. Die Rückkehr zu den analen Interessen und die Fixierung in ihnen als Resultat der Kastrationsangst. Ambivalente Einstellung zu den weiblichen Genitalien — II) Die hinduistische Göttin Kali. Lha-Mo, das tibetanische Gegenstück — III) Der Kali-Symbolismus — IV) Der Penisneid — V) Die Todesangst der Hindu. Kali, die Schlachtenkönigin. Das „Unheimliche“ und das „Geheimnisvolle“. Der Menstruationskomplex.

DER RELIGION:

THEODOR REIK: Der eigene und der fremde Gott. *Geheftet M 8.50, Ganzleinen M 10.50.*

Aus dem Inhalt: Jesus und Maria im Talmud — Der hl. Epiphanius verschreibt sich — Das Evangelium des Judas Ischarioth — Die Unheimlichkeit fremder Götter u. Kulte — u. s.w.

Der tiefblickendste und scharfsinnigste Religionspsychologe unserer Zeit. *(Schulreform, Bern.)* — Man wird eine Methode, die so tiefe Sachverhalte aufdecken kann, nicht a limine ablehnen. *(Prof. Titius* in der *Theologischen Literaturzeitung.)* — Man muß Reiks wuchtigen Vorstoß anerkennen ... Rücksichtslos geht der Weg, zwar oft durch Dunkel und Schrecken und kaltes Grauen. *(Bremer Nachrichten.)* — Das Buch ist unmittelbar erschütternd. Es versäume niemand, dem psychologischen Zusammenhang zwischen Christus und Judas Ischarioth unter Reiks sachkundiger Führung nachzusinnen. *(Graf Hermann Keyserling* im *Weg zur Vollendung.)* — Ein geistreiches Buch ... Einer der hellsten Köpfe unter den Psychoanalytikern. *(Alfred Döblin* in der *Vossischen Zeitung.)*

THEODOR REIK: Dogma und Zwangsidee. *Geh. M 5.60, Ganzleinen M 7.—.*

Inhalt: I) Das Dogma — II) Die Entstehung des Dogmas — III) Dogma und Zwangsidee (Das Dogma als Kompromißausdruck von verdrängten und verdrängenden Vorstellungen. Die Verschiebung auf ein Kleinstes. Zweifel und Hohn. Dogma und Anathema. Der Widersinn im Dogma und in der Zwangsidee. Die sekundäre Bearbeitung in der rationalen Theologie. Fides und Ratio. Das Tabu des Dogmas. Der latente Inhalt des Dogmas Das Wunder ist des Glaubens liebstes Kind. Das Wiederkehrend-Verdrängte. Die Stellung des Dogmas in der Religion. Glaubensgesetz und Sittengesetz).

HERMANN RORSCHACH (†): *Zwei schweizerische Sektenstifter. Geheftet M 2.20, Ganzleinen M 3.40.*

Inhalt: I) Johannes Binggeli — II) Anton Unternährer. (Nach Vorträgen in der „Schweizerischen Gesellschaft für Psychoanalyse".)

GEZA RÓHEIM: Mondmythologie und Mondreligion. *Geheftet M 3.60, Ganzleinen M 5.—.*

Inhalt: I) Die Wasserträger im Monde. Der Mondbaum, der ewige Faden und die Spinnerin. Zusammenhänge zwischen Südostasien und Polynesien. Die Kröte. — II) Mondmythen und Weckträume. Naturmythos und Elementargedanke oder Psychologische Mythendeutung und Wanderungstheorie. Mondsage, Durstreiztraum, Harnreiztraum. Flutsagen. Urindrang und Mondsucht — III) Danaidenarbeit. Neuseeländische Varianten. Das Los der alten Jungfern. Die Sonntagsschänder und ihre ewige Arbeit. Diebstahl und Mondversetzung — IV) Die Mondmutter und der Mondkult. Mondsucht und Menstruation. Kiddus lebana. Die lunare Sympathie.